mdv

DER AUTOR FOTOGRAFIERTE IM JANUAR 1977 IN PARIS.
DER TEXT UND DIE GEDICHTE ENTSTANDEN IM SOMMER 1978
IN WUISCHKE AM CZORNEBOH.

DIE FOTOS VERGRÖSSERTE UND BEARBEITETE STEFANIE KETZSCHER, LEIPZIG.
DIE BUCHGESTALTUNG LAG IN DEN HÄNDEN VON HELMUT BRADE, HALLE.

DAS BUCH IST CHRISTINE SCHAPER GEWIDMET.

HEINZ CZECHOWSKI

VON PARIS NACH MONTMARTRE

ERLEBNIS EINER STADT

MITTELDEUTSCHER VERLAG

ISBN 3-354-00056-2

Fast jedem gebildeten Menschen, der auch nur über ein wenig Vorstellungsgabe verfügt, hält das Leben eine Begegnung mit Paris offen. Für den einen wird sie Wirklichkeit, für den anderen nicht. Je nachdem, wie ihm das Glück gewogen ist. Aber selbst wenn eine solche Begegnung nicht zustande kommt und der Mensch stirbt, ohne Paris gesehen zu haben, so hat er es sicherlich doch wenigstens in seinen Gedanken oder in seinen Träumen mehrmals besucht.

Konstantin Paustowski: *Paris auf der Durchreise*

I

Tagelange Suche nach dem, was man einen Anfang nennen könnte. Umherirren im Grasgarten.

Nun, da es gilt, die Erinnerungen wieder aus dem heraustreten zu lassen, was sie einmal waren: nämlich erlebte Wirklichkeit, fühlt man wieder die Luft, die man einmal geatmet hat und die jetzt, gehärtet wie Gips, all das in sich einschließt, was doch einmal transparent und beweglich gewesen ist.

Wir sitzen aber in einem Haus, dessen hundertfünfzig Jahre alte, brüchige Wände all unseren (o gegebenes Stichwort!) vorrätigen Gips verbraucht haben. Sommerbewohner, damit beschäftigt, ungenügend wärmendes Heizgerät in Betrieb zu setzen, um die Kühle dieser Junitage zu vertreiben. Und der wolkenüberzogene Himmel löst gerade wieder einmal das Versprechen ein, das er uns gab: es regnet.

Wir könnten uns an dieser Stelle Träumen über die Geschichte unseres Hauses hingeben, dessen wirkliches Alter möglicherweise noch die von uns geschätzten hundertfünfzig Jahre übertrifft.

Zum Beispiel die Schlacht bei Hochkirch — der Kirchturm dieses Ortes ist vom Garten aus zu sehen, nachts leuchtet ein rotes Warndreieck für Flugzeuge zu uns herüber —, 1758 zwischen Preußen und Österreich ausgefochten (wobei im Kampf um den Kirchhof, der noch immer von einer meterdicken, hohen Bruchsteinmauer umgeben ist, das Blut knöchelhoch eine Gasse heruntergeflossen sein soll, die noch heute *Blutgasse* heißt), könnte versprengte Reiter hierher geführt haben: plündernde Österreicher oder in die Flucht geschlagene Preußen, den Schrecken der Niederlage noch in den Augen, dringen ins Haus ein. Wir sehen die Mündung eines Vorderladers auf uns gerichtet oder schleppen Verbandszeug herbei.

Oder Goethes Reisewagen erleidet auf einer der Fahrten nach Karlsbad einen Radbruch. Der Meister benutzt den unfreiwilligen Aufenthalt in Hochkirch zu einem ausgedehnten Spaziergang: der Czorneboh, sagenumwobener Sitz slawischer Götter, ist ja nicht weit. Goethe also — wer sonst? — tritt ins Haus, dessen Bewohner damals wahrscheinlich nur Sorbisch sprachen, bittet um einen Trunk, erhält diesen auch, reicht ein Geldstück und äußert sich seinem Begleiter gegenüber über den merkwürdigen Klang dieser Sprache.

Aber davon ist selbstverständlich nichts überliefert. Goethe reiste außerdem über Dresden durchs Elbtal nach Teplitz und Karlsbad, einige in Lauchhammer-Eisenguß verfertigte Tafeln im Gepäck mit der Aufschrift *Hier übernachtete Johann Wolfgang von Goethe*, die er zum Abschied seinen Wirtsleuten durch einen Diener überreichen läßt.

Wir haben keine dieser Tafeln am Haus und wollen überhaupt endlich weiter, heraus aus den Nebelschwaden, die aus dem Wald steigen und die uns sogar den Blick auf den schwarzen Berg der alten Sorben versperren.

Da fahren wir endlich — o Faden der Geduld, den wir nun wieder aufgenommen haben! — über die Kölner Rheinbrücke bei Nacht *(Der Schnellzug tastet sich und stößt die Dunkelheit zurück . . .)*, direkt, wie uns scheint, in den gelbgrau angestrahlten Dom hinein.

Doch das, was hinter uns liegt — metaphorisch wie real —, läßt sich nicht mit den Versen des Dichters Stadler allein illustrieren, sondern es weicht einem Gefühl der Erwartung, das wir nicht zu beschreiben vermögen, weil es nicht zu bestimmen ist.

Wann hatten wir zuletzt diese Empfindung, mitgenommen zu werden in ein unbekanntes und doch vertrautes Land, das es möglicherweise in Wirklichkeit gar nicht gibt?

Metaphysischer Augenblick, eigentlich nur der Kindheit zugehörig, da man das bekannt Scheinende verläßt, um im Nichts anzukommen, das sich hinter der Wand der Dunkelheit verbirgt. So erfährt man: Auch das Dunkel blendet nach einem Überangebot von Licht.

Was an den Ufern des Rheins liegt — und erst hier wird einem nach stundenlanger Fahrt bewußt, daß man sich auf dem Boden einer *anderen Welt* befindet —, gehört nicht so sehr den Kategorien der Geographie, sondern vielmehr denen der Geschichte an:

Woran erinnert man sich beim Anblick des Kölner Doms, woran beim Klang des Wortes *Aachen*, das im gleißenden Licht des Bahnsteiges verhallt? —

Hören wir das Rollen der Züge dreier Kriege und den kehligen Gesang *Siegreich woll'n wir Frankreich schlagen*? Oder den Marschtritt der Sieger und der Besiegten? Tritt der eben gekrönte Charlemagne aus dem Portal des Domes?

Doch man erfährt nur wieder einmal mehr, daß das Memorieren dessen, was man zu wissen glaubt, dort bedeutungslos wird, wo sich das Bewußtsein am Stoff *Gegenwart* sättigen muß ...

Gegenwärtig ist unser Abteil im Kurswagen Warschau—Paris, den wir in Berlin, Bahnhof Friedrichstraße, bestiegen haben, in letzter Minute von der freundlichen Kollegin im Ministerium für Kultur mit der Zugfahrkarte versehen, nachdem sich unser bereits gebuchtes Flugticket als wertlos erwiesen hat, weil der europäische Flugverkehr dem Nebel erlegen ist.

Die gute alte Eisenbahn — mehr gescholten denn gelobt — hat uns dieses Mal nicht im Stich gelassen. Und unseren Speisewagen, der uns mit vertrauten Gerüchen begrüßt, haben wir aus der DDR mitgebracht: einen Mitropa-Wagen, alt wie der Name der Gesellschaft, in dem man, theoretisch, quasi bis nach Paris in heimischen Scheinen und Münzen zahlen könnte, wenn er nicht pünktlich um vierundzwanzig Uhr geschlossen würde: DDR-Polizeistunde also auch im anderen Land.

Man vermerkt nebenher den Vorteil des erdgebundenen Reisens, das nicht nur ein Gefühl erhöhter Sicherheit bietet (wenn auch ein trügerisches, denn wer weiß nicht von Eisenbahnunglücken, die bei weitem nicht so harmlos ausgegangen sind wie das in Thomas Manns erlebnisträchtiger Früherzählung), sondern auch die Gelegenheit, Zeuge von Gesprächen zu werden, die im Flugzeug überhaupt nicht in Gang kommen, weil auf den meisten Flugrouten kurz nach dem Start schon wieder das obligate Bonbon gereicht wird, das die Landung ankündigt.

In diesem Speisewagen sitzt man also, die Langmut des Reisens genießend, kein Weltstar am Nebentisch, der an diesem Tag auch mit der Eisenbahn reisen müßte statt mit dem im Hangar derzeit gelähmten Jet, sondern drei Männer beim Rotwein (Stierblut führt die Mitropa mit), Sprachfetzen von anderen Tischen, unter denen wir neben Deutsch und Polnisch auch leicht dahinfliegendes Französisch ausmachen.

Dabei keine Kollege-kommt-gleich-Bedienung, sondern schnelles, zuvorkommendes Servieren des von uns Bestellten. Wir sind zufrieden und gedenken, noch immer auf heimatlichem Boden, des Vaterlands, welches uns auch in gastronomischen Belangen nicht gerade zu verwöhnen beliebt.

Die Männer am Nebentisch, zugestiegen im Bahnhof Zoo, Berlin-West, tauschen Erinnerungen aus: Marseille und Oran sind für sie nicht Orte, die sie an Anna Seghers oder Camus erinnern, sondern an jenen Abschnitt neuerer französischer Geschichte, den sie im Algerienkrieg miterlebt haben.

Fotos werden über den Tisch gereicht: die gleichen Männer, um einige Jahrzehnte jünger, in schmucken Uniformen und mit chic sitzendem Käppi. Ex-Colonel soundso, soundsovielte Brigade, Légion étrangère, erinnert sich und die beiden anderen mit ihm. Veteranen, zwischen fünfzig und sechzig, mit Weib und Kind und bürgerlichem Beruf (z. B. Besitzer einer Reparaturwerkstatt für Waschmaschinen), fahren zu einem Legionärstreffen nach Südfrankreich.

Nein, freiwillig sei er eigentlich nicht in die Legion eingetreten, erzählte der Ältere von den beiden mir gegenüber. Und ich höre eine Geschichte, Beispiel verkehrten Bewußtseins, das einen ansieht aus diesem verängstigten Gesicht, dessen runzelige Haut an vergilbtes, überwintertes Gras erinnert. Ist er der einzige der drei, der mit seiner Vergangenheit lebt und sie nicht ertränkt in Anekdoten und Witzen beim Rotwein?

Ja, er war gegen die Nazis. Als Flugzeugmechaniker auf einem Flugplatz in Nordfrankreich stationiert, hat er versucht, den Krieg zu sabotieren. Die von ihm betreuten Maschinen, leichte, schnelle Me 109, konnten aus diesen und jenen Gründen hin und wieder nicht starten. Vielleicht, daß sich das Fahrwerk nicht bedienen ließ oder eine der Bordkanonen Ladehemmungen hatte. Die Widerstandsgruppe, in der er mitarbeitete, flog auf, er kam vor ein Kriegsgericht, wurde zum Tode verurteilt, das Urteil jedoch, da gegen Kriegsende, nicht vollstreckt.

In einem Todeskommando, eingesetzt zum Entschärfen von Bomben und Minen, war seine aufgeschobene Hinrichtung nur eine Frage der Zeit. Eine aussichtslose Sache, glaubte er, denn täglich wurden zwei oder drei des Kommandos bei dem Versuch, eine der Bomben zu entschärfen, zerrissen. Er, gelernter Mechaniker, hatte Glück: Ihm gelang es besser als den übrigen unausgebildeten Männern, die Zünder herauszuschrauben. So überlebte er, kam in amerikanische Gefangenschaft und wurde schließlich den Franzosen überstellt. Aber die Tatsache, Sabotage geleistet und einem Strafkommando angehört zu haben, machte ihn auch hier verdächtig.

Man verhörte ihn immer wieder. Als er schließlich aus der Gefangenschaft entlassen werden soll, meldet er sich freiwillig zur Fremdenlegion. Aus Angst, wie er sagt, nach Deutschland heimkehren zu müssen, denn er glaubt, man wisse dort von seinem Prozeß und werde ihn weiter verfolgen.

Man hört das, man wird nachdenklich, man versucht, etwas dazu zu sagen. Ein *Schicksal*, das er möglicherweise mit manch anderem teilt?

Wir kehren, dazu aufgefordert, in unser Abteil zurück. In den Polstern sitzend, müde, aber nicht schläfrig, noch weit vom bekannten — unbekannten Ziel entfernt, aber auch nicht mehr dort, wo einem noch Land und Sprache vertraut sind, ertappt man sich im leichtfertigen Umgang mit Gefühlen und Gedanken.

Nein, wir leugnen unsere Vergangenheit nicht, die uns nicht einig gemacht hat mit uns selbst. Aber ideologische und historische Fixierungen sind schnell zu Munde: Man verständigt sich in diesen internationalen Schnellzügen in der gemeinsamen Muttersprache, ohne sich zu verstehen.

Sprechblasen-Austausch, mehrfach erlebt an diesem Tag, Gespräche, fast immer eingeleitet mit der Frage: «Sie kommen aus der DDR?» oder beendet mit dem Ausruf: «Ach so, Sie sind aus der DDR!» Dabei — fast immer — ein gelindes Erstaunen, wenn man sich, wider Erwarten, nicht gleich strammstehend zu dem Staat bekennt, dem man angehört, sondern schlichter von Dresden, Halle oder einem Flecken in der Lausitz spricht, wo man zu leben gewillt ist, weil man sich dort zu Hause fühlt.

Es wird überliefert, schreibt Joseph Roth über ‹Deutschland›, *daß Napoleon von diesem Land gesagt habe: ‹Acht Monate Schnee, zwei Monate Regen, und das nennt die Bande Vaterland!›* Und er ergänzt: *Noch peinlichere Dinge als Schnee und Regen haben wir zu dulden und vielleicht, hoffentlich auch, zu überwinden: den törichten Ehrgeiz und die Rekordsucht, den eitlen Stolz auf die Maschine und die Phrase, die unglückliche Veranlagung, sich nicht aussprechen zu können, also: nicht aussagen können, die sprachliche Unbegabtheit, die Langsamkeit des Denkens und also den leichtfertigen Griff nach der papierenen Wendung, die Liebe zum Klischee und den großen, großen Abstand zwischen dem, was wir fühlen, und dem, was wir sagen.*

Nein, an nationalen Selbstkritikern hat es in Deutschland nie gefehlt: Plejade reiht sich an Plejade, Heine und Roth oder Tucholsky sind nur drei von ihnen.

Aber was haben wir von ihnen wirklich begriffen? Woher noch immer diese Überempfindlichkeit, die Tucholsky umschreibt mit dem Satz: *Wenn einer in Deutschland einen guten politischen Witz erzählt, sitzt halb Deutschland auf dem Sofa und nimmt übel.*

Doch wir müssen uns in die Gegenwart zurückrufen, wo sie auch sein mag: hier und jetzt in der Stunde meines Schreibens oder dort, wo sie bereits der Vergangenheit angehört, also zur Erinnerung geworden ist, die wieder zur Gegenwart wird, wenn ich sie durch das Nadelöhr meines Bewußtseins fädele — o Elke, dein Faden der Geduld! —, während draußen vorm Fenster Heu gewendet wird, in einem Garten sonntägliche Tassen klirren oder, ein paar Grundstücke weiter, eine Hochzeit hörbar ihrem dritten Tag entgegengeht.

«Bonsoir, Messieurs. Cette place, elle est libre?» Eine Frage, an uns gerichtet, die erste in dieser Sprache. Ja, dieser Platz ist frei. Und wir helfen der älteren Dame, die in Liège zugestiegen ist, mit ihrem Gepäck in das Abteil.

Belgien ist ein kleines Land, aber nichtsdestoweniger auf seine Souveränität bedacht: trotzdem, so scheint es, läßt sich alles regeln. Der Zöllner, der unsere Pässe kontrolliert und dabei unser Durchreisevisum vermißt, quittiert dies mit dem Satz «Sie sind aus der DDR?», setzt sich dann, in dem unentbehrlichen Dokument blätternd, für einen Moment zu uns und gibt es uns schließlich mit der Versicherung zurück, «nischts» gesehen zu haben.

Comme ci, comme ça. Kein vorschnelles Erwähnen des vielzitierten Geistes von Helsinki, überhaupt keine Geisterbeschwörung, naturellement, auch wenn Madame, deren Koffer wir jetzt verstaut haben, uns daran erinnert, daß eine Dame — vorausgesetzt, sie ist eine — alles darf und, was sie tut, und sei es auch nur auf dieser Reise, zum Gesetz erhebt.

Ist es der Nerz, den sie enger um ihre Schultern zieht, als sie es sich im Polster bequem macht, der a priori keinen Widerspruch duldet, oder die Selbstverständlichkeit an sich, mit der Madame ihre Schuhe auszieht, um die Füße auf dem gegenüberliegenden Sitz auszustrecken?

Und was, außer zu schlafen, bleibt im übrigen auch zu tun in diesem Nachtschnellzug, der jetzt durch den Borinage fährt, wo der Himmel von Hochöfen an der Strecke erhellt ist? Der Schein zuckender Flammen wirft sich hin und wieder ins Abteil, huscht über das Gesicht der Schlafenden, so daß man sogar im Halbdunkel erkennt, daß sie sehr schön gewesen sein muß.

Doch wir sind weder imstande, irgendwelche Vergangenheiten heraufzubeschwören, noch wollen wir Helenen in jedem Weibe sehen. Und daß ein älterer Mensch weiblichen Geschlechts ungehemmt seine müden Füße auf dem Polster eines D-Zug-Abteils ausruht, wird uns nicht dazu verführen, sogleich einen *anderen Geist* zu wittern — nicht den berühmten romanischen noch den der Zeiten.

Über letzteren nachzudenken, haben wir im Augenblick freilich Anlaß, denn wir fahren durch Compiègne, in dessen Wald jener Eisenbahnsalonwagen stand (und noch steht?), in dem ein Herr Hitler in Reithosen und blankgewichsten Stiefeln einem Marschall Pétain entgegenstakte, um die Kapitulation jenes Frankreichs entgegenzunehmen, das mit dem Namen des kleinen, unschuldigen Badeortes Vichy in Verbindung stand.

(Pétains biederes Kleinbürgergesicht fiel mir immer wieder ein, wenn ich in der Pariser Metro die Automaten mit Vichy-Pastillen sah, die man dort für ein paar kleine Münzen erwerben kann. Das ist die Kehrseite der Geschichte: Wer erinnert sich wohl heute noch jenes kleinen Marschalls, wenn er, geplagt von Husten, Heiserkeit oder Magenbeschwerden, zu jenem nach Pfefferminze schmeckenden weißen Mittelchen greift? Und ich? Hätte ich als Kind nicht zufällig in der «Rädelsburg» auf der Großenhainer Straße zu Dresden jene Wochenschau gesehen, welche die als welthistorisch gepriesene Szene wiedergab — wüßte ich dann etwas von Compiègne und von Marschall Pétain?)

Auch die Geschichte, denke ich, schon im Halbschlaf, verschont uns nicht mit ihren banalsten Wendungen: Während ich mich an Hitler und Pétain erinnere, gehen in den Häusern entlang der Bahnlinie die ersten Lichter an. Frühaufsteher, wie überall in der Welt, Männer, die zur ersten Schicht müssen, Kinder, die einen weiten Schulweg haben. Sie schlürfen jetzt ihren Café au lait und besprechen mit vom Schlaf noch schwerer Zunge die ersten Angelegenheiten des Tages: Dialoge mit der Ewigkeit, älter und länger während als jene Namen, deren Träger einmal Geschichte zu machen geglaubt haben ...

Nein, ich hätte jetzt gern sofort auch meinen Café au lait, beides möglichst heiß, den Kaffee und die Milch. Statt dessen der zähe Kampf in übernächtigen Gehirnzellen und Gliedern, das Ringen zwischen Einschlafenwollen und Erwachenmüssen — lohnt es sich überhaupt noch, zu schlafen? —, vor den Augen grauviolette Schatten, die von Giganten stammen, dazu bestimmt, Schienen zu verlegen, entgegenrasende Schnellzüge, Vorortbahnhöfe zwischen Nacht und Tageserwachen, Bahnsteige, die sich anschicken, sich mit dir und mir zu beleben. Männer, die Aktentasche unterm Arm und die Zigarette im Mundwinkel, fröstelnd, ähnlich allen, die die Sechsuhrzüge benutzen, gesehen bei morgendlichen Einfahrten auf den Bahnsteigen Berlins, Moskaus, Budapests, der homo sapiens industrialis, sich unterscheidend durch Zigarettenmarke, Sprache, Gesellschaftsordnung.

Und hätte man, wie Gott, ein allgegenwärtiges Auge, man würde feststellen müssen, daß sich in dieser Jahreszeit (Januar, vermutlich Außentemperatur um 0 Grad) auch die Einwohner Venedigs, Roms, Lissabons oder Madrids fröstelnd (Temperaturen der europäischen Hauptstädte gestern kaum voneinander abweichend) ihrer Arbeit entgegenbewegen.

Über uns sich kreuzende Fahrleitungen, darunter entsprechendes Schienengewirr, das Kreischen der Radkränze in den Kurven, die Weichen, die uns mit einiges Vertrauen verdienender Sicherheit in jene Geleise geleiten, die zum Ziel führen.

Ein Durchstich (Leipzig-Gohlis, Coppiplatz?), die Böschung oben beplankt und mit Reklamen versehen, die jedoch nicht das weißichwievielte Turn- und Sportfest begrüßen, sondern für eine Käsemarke werben. Keine Verminderung der Fahrtgeschwindigkeit, parallel zur Bahnlinie geführte Straßen, LKWs, die in die Stadt bringen, was die Stadt braucht. Die Hochhäuser der Trabantenstädte – sei gegrüßt, Phantasielosigkeit! –: Noch lieg ich im Bett, war es gestern?, Schritte im Treppenhaus, der Nachbar startet seinen Wartburg, einmal, noch einmal, dann Gas, höherer Drehzahlbereich, es folgt ein Trabant, dann ein Škoda, er steigt herauf mit großer Kraft, die Dusche, Kaffee, die Zigarette, Gespräch mit der Sprachlosigkeit, raschelndes Papier, eine Hand wäscht die andere, um elf ist Versammlung, ich fahr mit der Vier bis zum Markt.

Schattenlos nähert sich der Tag. Die Gestirne der Bogenlampen verblassen. Madame gibt das Zeichen zum Aufbruch, als sie ihre Pumps wieder anzieht, sich ihr Gepäck aus dem Netz heben läßt und mit einem «Au revoir» das Abteil verläßt.

«Paris, Gare du Nord», sagen uns die Lautsprecher. Wer an diesem Januarmorgen geht mit uns über den Bahnsteig auf die Schwingtüren des Ausgangs zu? Was und wen versammelt Paris zu welchem Zweck an diesem 5. Januar 1977?

Angekommen zu sein ist eines jener vielen Gefühle, über die man sich klarwerden muß: Wie kann man glauben, man sei in Paris, und wie kann man diesem Glauben, hat man ihn erst einmal gewonnen, dazu verhelfen, wahr zu sein?

Die Töne der Göngchen aber, die Abfahrt und Ankunft der Züge einläuten, sind die Signale, die uns die letzten Spuren der Nacht abschütteln lassen: Es scheint, wir sind da.

Paris erwacht:

II

Zeichen wirklicher Ankunft: der blaubecapte Polizist, der Flic, der mit raschen Gesten seiner weißen Handschuhe die ankommenden und abfahrenden Taxis — vite, vite — dirigiert.

Durch ein Mäander kniehoch gespannter Ketten gelangt man, immer nur einzeln hintereinander, zu den Wagen, die nur kurz stoppen, Personen und Gepäck in sich aufnehmend, um dann in rasender Fahrt die Rue des Martyrs hinunterzujagen.

Solches Tempo, wir haben uns eingereiht in die Schlange der Wartenden, gewährt keine Muße zum genießenden Betrachten der Umgebung. Dennoch: Sollten wir bis jetzt immer noch nicht glauben, angekommen zu sein — es gibt untrügliche Beweise, die uns selbst in diesen Minuten und durch nieselnden Regen und Januargräue erreichen.

Die oft gelesene und keineswegs verblüffende Wendung, diese oder jene Stadt sei ganz *anders*, als man sie sich vorgestellt habe, scheint hier nicht zuzutreffen: Man *kennt* Paris, noch ehe man die Stadt betreten hat. Breitwand-Color läßt Helden über die Dächer der Galeries Lafayette spazieren, veranstaltet Gangsterjagden durch Metro-Tunnel und spart im übrigen nicht mit den berühmten Veduten.

Und auch, wenn wir diese jetzt noch nicht im Auge haben: Wie im Hase-und-Igel-Spiel rufen die Fassaden der Häuser ihr «Ich-bin-schon-da», noch ehe man selber Zeit hat zu entdecken, wo sie nun sind.

Drüben auf der anderen Seite der Straße: Restaurant neben Restaurant, viele schon jetzt geöffnet, davor Terrassen, mit buntgestreiften Markisen überdacht und infrarot beheizt — Gärten, in denen die Weltmarken der Alkoholika blühen und in denen die Kellner in knöchellangen weißen

Schürzen erscheinen, ebenfalls Markenartikel, offenbar dazu bestimmt, dem Ankommenden das Bild zu komplettieren, das er sich von der Stadt mitgebracht hat.

So leuchtest du auf, Paris, an diesem Morgen in Rot, Rosa, Orange und Blau. Und über allem die steilen Giebel mit ihren Kaminen, verdunkelt von all dem Licht, das sich unten verdoppelt im Glanz des regennassen Asphalts.

Die Geräusche ringsum — Sprachfetzen, Rufe, Motoren, Hupen, schlagende Türen — wickeln uns ein in dieses Konglomerat aufgebotener Synästhesie, zu dem sich noch die Gerüche gesellen: Auspuffgase, Parfums und der in Paris allgegenwärtige leichte Moder.

Aber das Überwinden aller Zweifel, angekommen zu sein, ist doch ein langsamer Vorgang, auch für uns, die wir nicht, wie das japanische Ehepaar neben uns am Taxistand, teilhatten am Wunder transkontinentaler Überquerung, sondern lediglich durch ein Stück des alten Europa gerollt sind, um hier zu sein.

Und trotzdem: langsam die Akklimatisierung der Sinne, des Körpers, behindert von einem Aufgeregtsein, das zwar die Lust erregt, möglichst alles zu sehen, was die Netzhaut erfaßt, und das auch tatsächlich die Erlebnisfähigkeit derart steigert, daß Einzelheiten, oft die nebensächlichsten, überscharf ins Bewußtsein treten und dort wahrscheinlich auch ein lebenslängliches Gewahrsam finden — ein Aufgeregtsein, das aber das Spektrum der Farben so ineinanderfließen läßt, als führe man auf einem Karussell.

Man erinnert sich plötzlich an Bobrowskis aufhellenden Satz, in der Stadt habe der Mensch fünf, auf dem Lande sieben Sinne. Ja, man ist für das Leben nicht eingerichtet. Denn wie vieler Sinne bedürfe man wohl hier, um endlich doch zu glauben, man sei in Paris, und um zu erleben, wie das wahr wird? —

Der Fahrer des Wagens, dem wir unser Ziel, ein kleines Hotel im

Die Sonne durchbricht

Quartier Latin, angegeben haben, steuert das Gefährt, einen alten Renault, die Disque bleue zwischen den Lippen und hin und wieder von einem markerschütternden Husten gequält, so durch den Verkehr, daß man sich in den Kurven, die mit quietschenden Reifen durchfahren werden, am Sitz festhalten muß, um seinem Nachbarn nicht in die Arme zu fallen. Und als sei diese Fahrt durch die Stadt die einzige, die mir in meinem Leben gewährt wäre, versuche ich auszumachen, was ich im Licht zwischen Nacht und Morgen erkenne.

Wir rasen durch eine Grauzone von Avenuen und Boulevards, eine Route, die sich später einmal auf dem Stadtplan rekonstruieren lassen wird: Boulevard de Magenta, Boulevard Sébastopol, Pont Neuf, Île de la Cité.

Aus irgendeiner der Straßen schießt unser Wagen heraus: da, am Ende eines unverhältnismäßig großen Platzes, überhaucht vom ersten aprikosenfarbenen Morgenlicht, die Fassade von Notre-Dame-de-Paris, wo Efeu, gleich hängenden Gärten, die Quaimauern der Seine bewächst. Nach Überqueren einer Brücke erneutes Hineintauchen ins Grau der Straßen, schließlich Halt vor dem avisierten Hotel, wo uns ein riesiger Neger mitteilt, daß das von Freunden für uns bestellte Zimmer bereits vergeben sei: Man habe uns bereits gestern erwartet ... On regrette.

Wohin jetzt, früh halb acht, mit unseren Koffern und dem Bedürfnis nach warmem Wasser und einer Rasur?

O ja, es sei da nicht weit von hier ein Hotel an der Place du Panthéon, *Hôtel des Grands Hommes* geheißen, einige Querstraßen weiter, im übrigen leicht zu finden, wie sich ja denken läßt: Saint-Etienne-du-Mont, das Panthéon ...

Die Gasse, in der wir stehen, schmal, namenlos oder berühmt — jetzt hat uns Paris im Spinnennetz seiner Möglichkeiten gefangen: Man kann sich darin verlieren oder eine Aussicht gewinnen, als stünde man auf der Tour Saint-Jacques, kann zwanzig Jahre seines Lebens darauf verwenden, die Sprache der Stadt verstehen zu lernen, oder wieder abreisen, gedemütigt von so viel Fremdheit eines jeden Steins.

Unausdenkbar, von den Geheimnissen Dresdens oder Leipzigs zu reden, selbst die *Geheimnisse von Berlin* wären kein auszudenkender Buchtitel – aber die *Geheimnisse von Paris*, Titel eines Trivialromans, dessen krause Handlung einem hier sofort wieder einfällt und dessen Vorzüge Marx erkannte, behaupten sich.

Ist es nur das Gefühl, den Mittelpunkt der Welt, der alten, erreicht zu haben, oder das Unvertraute einer anderen Lebensweise, was uns beim Anblick der gegen die Morgenkühle vermummten Passanten an die Heymschen Dämonen der Städte denken läßt?

Sie wandern durch die Nacht der Städte hin, die schwarz sich ducken unter ihrem Fuß. Ihr langer Schatten schwankt im Häusermeer und löscht der Straßen Lichterreihen aus. Er kriecht wie Nebel auf dem Pflaster schwer und tastet langsam vorwärts Haus für Haus.

Doch wir ahnen im gleichen Moment, in dem uns diese Zeilen wieder einfallen, daß sie einem Klischee entsprechen, das wir uns mitgebracht haben, um für das Unbekannte, für das wir noch keinen Begriff kennen, wenigstens ein Bild zur Verfügung zu haben.

Aber ehe wir uns weiterhin derartigen Ahnungen hingeben, erinnern wir uns des Hotels, das wir suchen: *Hôtel des Grands Hommes* – Hotel zu den großen Männern –, sein Name, was wir uns unter ihm auch immer vorstellen, sei gepriesen, verspricht er uns doch Obdach und erstes Frühstück inmitten der steinernen Landschaft.

Eilig gehen die Leute an uns vorbei, die wir mit unserem Gepäck noch immer unentschlossen die Gasse beherrschen, und obwohl man weiß, daß die meisten von ihnen einen ganz gewöhnlichen Tag beginnen, verspricht jedes der flüchtig vorbeihuschenden Gesichter mehr als nur die Banalität von Arbeitsplatz oder Büro. Dies ist das Recht des Fremden: hinter

unter einem blassen, enthäuteten Himmel

jedem der hier lebenden Leben wider besseres Wissen ein Geheimnis zu wittern, ein Abenteuer, das es zu bestehen gilt.

Doch der endgültige Rückruf aus dieser Zone des Tagtraums vollendet sich mit dem Aufheben unserer Koffer.

Die Place du Panthéon ist schnell erreicht. Das Monument, das die sterblichen Überreste der Unsterblichen in sich birgt, wölbt seine grauweiße Kuppel, äußerlich ein Ebenbild des Capitols von Washington und aller Bauten dieser Welt, die wiederum, wie das Panthéon, dem römischen Capitol nacheifern. Das riesige Rechteck der Place, aus dem seine Mauern emporwachsen, wird von Reinigungswagen umkreist: damit Paris von dem, was die Nacht wegwarf, befreit sei.

eilig das Januargrau.

ALTES HOTEL

Was uns empfängt, außer dem Rot
Der Läufer und der Tapete: Madame
Mit dem Gesicht einer alten
Indianerin.

Altes Hotel mit dem Ruhm
Längst verblichener Zeiten:
Tzara, Eluard, Aragon. Das Klappern
Der Schlüssel
Verrät davon nichts.

Welche Empfindungen teilen sich mit? –

Daß alles anders ist? Hier? –

Es regnet uns nicht in die Augen, aber
Es regnet. Ringsum
Blühn die Boutiquen, Zement
Stopft den Rachen der Stadt, ein Kran
Schwenkt seine Last durch die gepriesene
Atmosphäre: hier

Bin ich und wundre mich selbst
Über mich, daß ich hier bin,

Im alten Hotel, das mich aufnimmt
Ohne nach meinem Namen zu fragen.

Und ich bewehre mein Ich
Mit den Papieren eines anderen Ichs,
An dessen Vergessen ich teilhabe,
Um einzutauchen in das Aroma
Der *Hauptstadt der Welt,*
Unter den Füßen
Den Donner der Metro,
Die davonfährt, unaufhaltsam,
Von einem Ende zum andern des alten Europa,
Des tödlich berührten,
Endstation: Mairie d'Ivry.

Der künstliche Glanz,

III

O Tagewerk sich umschlingender Gefühle, o Gang durch die Zeiten innerhalb weniger Minuten!

Wir, auf der Suche nach dem *Hôtel des Grands Hommes*, erfahren sehr bald, was es mit den großen Männern auf sich hat: unübersehbar sagt es uns die auf dem Giebel des Panthéon angebrachte Inschrift: «Aux grands hommes, la patrie reconnaissante». *Den großen Männern* nämlich *gebührt der Dank des Vaterlands.*

Hier also ruhen die sterblichen Überreste der Unsterblichen: Voltaire, Rousseau und Victor Hugo unter ihnen. Im Hotel jedoch, das sich auf diese großen Männer beruft und dessen Eingang wir eben passiert haben, herrscht ein ganz außergewöhnliches Dunkel.

Hinter einer verglasten Wand, die, nachdem sich unsere Augen an die Finsternis gewöhnt haben, von der vornehmen Vergangenheit des Etablissements kündet, hängen tatsächlich Schlüssel, die zum Reich der Ruhe, des Schlafs und der Liebe führen könnten.

Doch für ein Hotel scheint uns die herrschende Stille zu still und der Geruch nach Hammelfleisch und Knoblauch zu durchdringend zu sein.

Was aber, wenn nicht die erwartete Gastlichkeit, wird uns hier begegnen?

Die Herren Tzara, Aragon oder Cocteau, die hier einmal gewohnt haben sollen (wie wir freilich erst später erfahren werden), gewiß nicht. Doch die schmale Treppe herunter kommt alsbald eine junge Frau, Tochter des Stammes der Maghrebkinder, vielleicht Fatima geheißen, die nach unserem Begehr fragt.

Für einen Augenblick glauben wir uns in eines jener orientalischen

Häuser versetzt, die dem Wanderer nicht nur ein Lager für Haupt und Glieder bieten.

Weder unsere Vermutung noch die strengen Gerüche sind Gründe, die uns veranlassen, das Angebot, wir könnten hier für wenig Geld ein Zimmer bekommen, abzulehnen. Denn das Zimmer, das wir, der schönen Orientalin über die schmale Treppe in die erste Etage folgend, besichtigen, befindet sich in einem Zustand, der darauf hinweist, daß der Raum seit den Zeiten der großen Männer kaum noch bewohnt worden ist: Staub und Spinnweben überziehen die Betten, die uns, als wir uns auf sie setzen, knarrend und quietschend Antwort geben auf unsere Frage, ob wir nun in der Weltstadt angekommen sind.

Auf unsere Frage, was wir für eine Übernachtung zu zahlen hätten, erhalten wir von der jungen Frau die Antwort: 25 Francs. Das ist, zugegeben, nicht viel. Aber das *Hôtel des Grands Hommes* ist, wie wir nun erfahren, eigentlich doch kein Hotel mehr, sondern eine Unterkunft für Marokkaner und Algerier, die in Paris als Hilfskräfte der Müllabfuhr und Straßenreinigung arbeiten und hier in den engen und verwohnten Zimmern des einstmals berühmten Hotels mit ihren Familien hausen.

Als wir das Zimmer wieder verlassen, entschlossen, in einem anderen Hotel unser Glück zu suchen, überholen uns auf der Treppe Kinder, die mit ihren Schultaschen die Stufen hinabpoltern.

Wir versuchen uns der jungen Frau verständlich zu machen: daß wir auf das Zimmer leider verzichten müssen. Und es ist uns nicht besonders gut dabei zumute, uns, den Abkömmlingen aus dem Bannkreis jener Hygiene und Disziplin, auf die wir stolz zu sein haben und die uns gelehrt hat, Knoblauch und Hammelfleisch gehörten zu den niederen Genüssen, Bettwäsche müsse weiß sein und ein Zimmer gut gelüftet.

Das Achselzucken der jungen Frau begleitet uns zur Tür des Hotels hinaus, das wir mit unserem schlechten Gewissen eilig verlassen.

Die helle geräumige Place du Panthéon, dieses Rechteck mit den Ge-

POMPES FUNÈBRES
HOTEL DU PANTHEON

bäuden, die sich dem Kolossalbau unterordnen, blendet uns mit seinem Perlgrau. Das Licht des Tages hat jetzt von Paris endgültig Besitz ergriffen, und es scheint, diese Stadt werde von fein sich unterscheidenden Grautönen beherrscht: dem Grau des Januarhimmels, dem des verwitternden Steins ringsum, dem dunkleren des Pflasters und des Asphalts.

Der Zufall will es, daß sich in einem Eckhaus an der Rue d'Ulm noch ein Hotel etabliert hat: das *Hôtel du Panthéon*, keine Nobelherberge — die wir mit unserem schmalen Budget ohnehin nicht bezahlen könnten —, aber ein vertrauenerweckendes Gebäude im Stil der ersten Hälfte des vergangenen Jahrhunderts mit großen, schaufensterartigen Scheiben im Parterre.

Das Zimmer im vierten Stock mit dem bescheidenen Waschbecken und dem erblindeten Spiegel enttäuscht uns nicht: die mit Zeitungspapier ausgelegten Schrankfächer erinnern mich an ein Provinzhotel, das ich einmal in Oschatz bewohnt habe. Nur das Bidet, Requisit einer Zivilisation, die uns fremd geblieben ist (später werden wir im Kino einen Trickfilm sehen, der keineswegs obszön ist und in dem dieses Toilettengerät eine Rolle spielt), verweist darauf, daß wir uns in Frankreich befinden.

Und jetzt erst, nachdem wir unseren Meldezettel ausgefüllt und den Zimmerschlüssel mit der Blechmarke Nr. 44 ausgehändigt bekommen haben, stellt sich das Gefühl ein, *angekommen* zu sein.

Von den Dingen, die uns nicht gehören, Besitz zu ergreifen, bedeutet: sich an die großblumige, graugrüne verbrauchte Tapete zu gewöhnen, Schlaf zu finden in dem bei jeder Bewegung leise klirrenden Messingbettgestell, unbekannten Geräuschen und Gerüchen zu folgen, die das alte Hotel von jenen Wohnstätten unterscheiden, in denen man bisher gelebt hat.

Ein erster Blick aus dem Fenster auf die Kuppel des Panthéon und auf die im Dunst schwimmenden Türme von Notre-Dame und Saint-Jacques löst ein Gefühl aus, dessen Wert sich nicht genau ausmachen läßt: Ist es Neugier auf die Stadt, die uns da zu Füßen liegt, ist es eine leichte Beklemmung, diesem Angebot des Unbekannten nicht gewachsen zu sein? — Stumme Andacht, stille Einfalt — aber birgt nicht jedes Angekommensein im Unbekannten ein Mysterium?

Also geht man, etwas benommen noch von der Übermacht der auf alle Sinne eindringenden Empfindungen, über den roten Läufer der Korridore die knarrende Treppe hinunter in die kleine Halle, wo auf vier oder fünf Tischchen das Frühstück auf die Gäste wartet.

Der erste Biß in ein Croissant, legendäres Blätterteiggebäck, duftigweißes Brot, Marmelade, Café au lait: das an und für sich Bedeutungslose vergrößert sich zum Erlebnis und erhält im Bewußtsein durch den Satz *Das erste Frühstück in Paris* seine Bedeutung. An den Nebentischen: amerikanische Touristen, ein Pärchen, vielleicht auf Hochzeitsreise; ein Inder, zwei Österreicher; alle mit einem Stadtführer von Paris, einem Stoß Ansichtskarten und der Kamera neben dem Teller.

Bedient werden sie wie wir von dem alten Ehepaar, Hoteliers und Kellner in einem: kein großer Aufwand, ein kleiner Familienbetrieb, sie in einer verwaschenen Kittelschürze, er im Hemd und mit Hosenträgern und schlappenden Hausschuhen. Morgendienst für die Gäste, alltägliche Mühe, die zur Gewohnheit geworden ist, daher mühelos erscheint.

Durch die Scheiben blinzelt ein Fünkchen Sonne. Autos suchen sich auf dem weiten Platz eine Parklücke. Vor der Gendarmeriestation gegenüber werden von einem LKW Motorräder und Mopeds abgeladen und zu jenen anderen Gefährten gestellt, die dort bereits auf einem vorgartenähnlich eingezäunten Grundstück stehen. Treffpunkt herrenloser Vehikel? Nächtlicher Abfall der Großstadt, eingesammelt zur Wiederverwendung oder zur Verschrottung?

Ein Polizist, die Arme über der Brust gekreuzt, sieht dem Vorgang gelangweilt zu. Alltägliches Erwachen der Stadt, Szene eines Films vor der Kulisse des Panthéon, banal und doch rätselhaft.

sich mit der Geschichte vereinen.

IV

Die Fontänen am Boulevard Saint-Michel schweigen, die Platanen im Luxembourg stehen mit starrem, entlaubtem Geäst, und die Restaurants haben zwar ihre Markisen herabgelassen und ein paar Tischchen und Stühle auf die Terrasse gestellt, aber die Menschen eilen an ihnen vorbei und laufen, die Hände in die Taschen der Mäntel vergraben, auch bei Rot über die Kreuzung.

Denn es weht kalt von der Seine den Boul'mich herauf. Und ein Vers Eluards fällt mir ein, während wir an den noch geschlossenen, rollädenbewehrten Antiquariaten der Rue de Médicis entlanggehen: *Paris friert, Paris hungert, Paris ißt keine Kastanien mehr auf der Straße*, 1943 während der Naziokkupation geschrieben.

Doch die Kastanien werden Geld kosten.

Völlig kostenlos dagegen ist der Blick auf alles, was uns an die Geschichte erinnert. Schritt und Tritt lassen Gebilde entstehen, denen man sich nun leibhaftig nähert.

Monumental, und doch als etwas Gewebtes, Schwebendes, erinnern die Mauern des Luxembourg hinter den Gittern und den Platanen des Parks an die Gefangenen der Großen Revolution, die hier auf den Guillotinenkarren des Fuhrmanns Samson warteten.

Nur eine Viertelstunde, heißt es in Büchners *Dantons Tod*, dauerte die Fahrt von hier bis zum Revolutionsplatz, wo die Erfindung des kleinen, verbesserungsbesessenen Dr. Guillotin fast lautlos und ohne Gnade ihre Arbeit verrichtete.

Fuhr der Karren die stille Rue de Tournon hinab, und überquerte er jenen Platz, wo wir jetzt Danton, den großen Redner, mit weit ausladender

Geste auf dem Sockel seines Denkmals erblicken, sein «Kühnheit, nichts als Kühnheit!» über die Dächer der Omnibusse und Renaults rufend?

Obwohl auf den Sockel eines Denkmals verbannt, bist du, Danton, noch immer in deinen Widersprüchen lebendiger als deine Gegner, die dich aufs Schafott schleppten, wo sie schließlich selber endeten.

Dantons Tod – der Tod des Citoyen, der sich, aus Einsicht in den unvermeidlichen Gang der Geschichte, selbst aufgibt. Dantons Größe – recht zu haben und doch besiegt zu sein.

Umstrittene Säule der Revolution, wir heben unseren Blick zu dir empor und erinnern uns des Streites der Regisseure von «Dantons Tod» in Magdeburg, Berlin oder Halle. Noch immer, als hätte uns Marx nie gesagt, daß du in einer Reihe stehst mit Camille Desmoulins, Robespierre und St. Just, machen sie aus deiner widersprüchlichen, lebendigen Figur einen Popanz, schwitzend und stinkend, als entstammtest du nicht der Geschichte und dem Geschlecht der Heroen.

Nicht um es getrost nach Hause zu tragen, erwerben wir jenes *carnet*, zehn Jetons aus einer braunen Pappe, die, in den Schlitz einer matt verchromten Box gesteckt und von dieser entwertet, durch ein elektronisches Drehkreuz uns den Weg freigeben in die Unterwelt der Metro von Paris.

Wir befinden uns in einem mäßig beleuchteten Gewirr von Tunneln, Nebentunneln, Durchgängen und Treppen, das uns schließlich doch auf einen Bahnsteig bringt, von dem der gewünschte Zug abfahren soll. Unter der Seine hindurch gelangt man zur Mitte der Stadt, der Île de la Cité, oder, in entgegengesetzter Richtung, weit aus der Stadt hinaus, beispielsweise zur Mairie d'Ivry, worunter wir uns, ahnungslos, wie es da draußen aussieht, etwas vorstellen können, das so hübsch ist, wie dieser Name klingt.

Der gekachelte Tunnel, der sich über uns wölbt wie die Hälfte einer riesigen Tonne, ist von einem Ende zum andern etwa zweihundert Meter lang. In nischenartigen Vertiefungen an den Wänden Bänke, wie in fast allen Metrostationen Nachtlager der Clochards, die an kalten Tagen wie heute auch tagsüber hier bleiben, denn die Metrostationen sind gut beheizt.

Ein grauhäutiger Neger, eine Pudelmütze über dem wolligen Haar, hält an der Bahnsteigkante mit beschwörenden Gesten eine Rede. Französische und englische Sprachfetzen vermischen sich, regelmäßig erklingt ein halb gesprochenes, halb gesungenes *Holy Ghost*, wozu die Hände erhoben werden. Ein Mann, belustigt uns zugewandt, sagt etwas, das wir nicht verstehen. Der Zug, der auf dem gegenüberliegenden Gleis fast lautlos einrollt, übertönt durch das Zischen der Druckluftbremsen seine Worte. Als er wieder anfährt, ein Band blaulackierter Flächen und gelb erleuchteter Fenster, hinter denen die einzelnen Gesichter, die man gerade zu erkennen begann, zur Unkenntlichkeit zerrinnen, bleibt nur die Vorstellung in uns zurück, daß auch wir der Masse angehören, die von einer Station zur anderen transportiert wird: namenlos und ungehört sind wir verschollen in diesem anderen Bauch von Paris.

Der Tunnel erinnert uns mit seiner gekachelten Abwaschbarkeit vor allem an ein Schauhaus, an die Endstation aller Leiden, an einen Aufbahrungsort, gut durchlüftet und mäßig erhellt, erschüttert vom Vibrieren des davonrollenden Zuges, dessen Schlußlichter allmählich im Dunkel des Schachtes erlöschen. Ist denn die Einfahrt in die erlösende Helle der nächsten Station überhaupt eingeplant? Oder hörte man nicht von Zügen, die nie wieder aus der Finsternis aufgetaucht sind?

Und so, wie die Jahres- und Tageszeiten hier unten keine Spur hinterlassen, es sei denn, ein verwelktes Platanenblatt würde vom Sog der Belüftungsanlage auf den Bahnsteig geweht, so hinterläßt auch das Leben derer, die hier ein Obdach fanden, keine anderen Spuren als die leergetrunkenen Flaschen, die unter der Bank stehen, wenn eines Morgens die Polizei auf ihrem Kontrollgang Monsieur l'Inconnu tot unter seinen Zeitungen findet und wegbringen läßt.

Île St.-Louis, Insel der Dichter.

Daß Paris, diese Stadt, die doch — glaubte man den Bildern ihrer Maler — so viel Licht und Leben in sich versammelt, auch mit dem Tod gute Gesellschaft zu halten versteht — kann man hier daran zweifeln? Hier im Tunnel der Station Odéon, deren Wände über den Bänken beklebt sind mit bunten Affichen, die den Käse Tartare schmackhafter machen sollen und die Bière d'Alsace und die Lebenslust preisen und Wohlstand und leibliche Nacktheit, erinnern wir uns an die U-Bahn-Schächte des zerstörten Berlin und an die Bilder der Nachkriegswochenschauen, als die Toten aus den abgesoffenen Schächten ans Licht geholt wurden.

Die Metro von Paris ist in ihrer Art durchaus beeindruckend: perfekte Technik, automatische Steuerung, durchschnittliche Zugfolge drei Minuten, sorgfältig rekonstruierte Vehikel aus der Zeit um die Jahrhundertwende, welche die Sehnsucht der Touristen nach Nostalgie befriedigen (während die Hallen einem hypermodernen Ausstellungszentrum weichen müssen).

Und sind wir bisher nicht überhaupt nur Gäste einer Traumwelt gewesen? Ist dieses graue Paris, diese im Januarlicht erscheinende Stadt, nur der Hintergrund einer Inszenierung, die von Schatten belebt ist? Und ist die Wirklichkeit hier einige Meter unter dem Asphalt nicht noch weniger wirklich als das, was wir zu sehen vermeinten?

Erst jetzt, wo sich die Türen des Zuges zischend geschlossen haben und das Rollen der Räder unsere Sinne beruhigt, sucht das Auge wieder nach einem Halt. Die Zeitungsleser verbergen uns ihre Gesichter hinter schwarzweißen Flächen. Ist das Gesicht der jungen Frau mir gegenüber, das vom Licht der Neonleuchten noch blasser gefärbte, etwas, worauf ich mich konzentrieren kann?

Die Geschwindigkeit des dahinrasenden Zuges, die hin und wieder aufflackernde Beleuchtung, die Ein- und Ausfahrten der Stationen — Mabillon, Sèvres-Babylone —, Tunnel, die sich gleichen, verhindern eine Antwort auf diese Frage.

Dann rollt der Zug in die Station Vaneau, eine der ältesten der Metro, wie es scheint, grau und verbraucht. Ein langer, zugiger Tunnel, Treppen und Gänge, die Luft wie in einem Keller, die Vorhalle eine Grotte: es tropft, wenn auch nur steinern und ohne Gefahr: Jugendstilstuck. Man sucht den richtigen Ausgang: Rue de Sèvres und steht auf der Straße im Tageslicht, ist wieder dort, wo man hinwollte: in Paris.

Eine Ladenbatterie eröffnet das Feuer: Verlockungen aller Länder und Meere.

de THÉ
LE DÉPART

V

Leise und sanft auf uns zutreibende Wellen erreichen unsere Sinne, Gerüche beleben uns — wir gehen an Ladenfronten entlang, und die angebotene Fülle stumpft uns nicht ab.

Einmal — wie lange ist es her? — auf dem schmalen Grat zwischen Krieg und Frieden sah ich — oder täusche ich mich? — auf der Webergasse in Dresden schon Ähnliches, als wäre ich vor ein paar Minuten nur aus der Metro gestiegen, um zurück in die Vergangenheit zu reisen.

Mit den Händen zu greifen sind diese Austern, die Krustentiere und Muscheln, die, in Seetang gebettet, in Spankörben liegen: direkt an der Straße, die Waage neben dem Eingang *Claude et les fruits de Mer.*

Die *Bar Rési* verspricht ihren Kunden, daß das Geschäft Tag und Nacht geöffnet sei, die Lieferung auch frei Haus erfolge und die *Abschmekkung* im Innern des Etablissements stattfinde.

Fast sind wir gewillt, der Versuchung, die von den Austern ausgeht, zu erliegen. Das Dutzend zwölf Francs. Wie aber ißt man Austern? Ein Messer zum Öffnen der Schalentiere liegt neben einem ganzen Stoß von Tellern. Aber hier auf der Straße? Und lasen wir nicht einmal irgendwo, daß zu Austern trockener Weißwein oder Champagner gehöre, Genuß und Bekömmlichkeit steigernd?

Uns, daran gewöhnt, den alltäglichen Einkauf von Lebensmitteln mit jener Gleichgültigkeit zu absolvieren, der jeder Luxus fremd ist, erscheint diese Öffentlichkeit und das vornehm-zurückhaltende Ladeninnere wie ein Widerspruch, dem wir mißtrauen.

Da ist eine Schaufensterscheibe mit der Aufschrift *Vins de France* uns schon etwas vertrauter. Aber Wein, jetzt am frühen Vormittag? Und wenn, welchen? Mit dem Wein ist es wie mit dem Käse, der nur ein paar Schritte weiter in uns Verwirrung stiftet: 250 Sorten verspricht ein erleuchtetes Transparent über dem Ladeneingang.

Was eine Charcuterie ist, findet sich wahrscheinlich im Wörterbuch. Oliven und Knoblauch, Auberginen, unzählige Büchsen mit uns unbekannten Gewürzen, Konfitüren aller erdenkbaren Früchte, Datteln und Feigen, das Aroma der Kaffeesorten und Tees — alles vereinigt sich zu einem Lobgesang auf die Felder und Gärten der Kontinente.

Eine Pâtisserie hat ihre Fenster auf den Jour des Rois, den Dreikönigstag, abgestimmt: hellbraune, glasierte Brote und Gebäcke, zopfförmig oder zu Gestalten geformt, daneben die langen, alltäglichen Weißbrote, die Baguettes, Torten, Zuckerwerk in leuchtenden Farben ...

Ein Defilee der Lebens- und Sinnenfreude, eine Verheißung für Nase und Gaumen, der wir nicht zu folgen vermögen, die wir hinter uns lassen, um in die Rue Vaneau einzubiegen, eine schmale und stille Straße, baumlos, mit nur wenigen Geschäften.

Hier in dem Wohnviertel zwischen dem Boulevard Raspail und dem Dôme des Invalides empfängt uns das alte Paris mit vier- oder fünfstöckigen Häusern, die schmal und steil die Straßen verdunkeln. Aber auch das alte Paris hat hier wie anderswo schon der Gegenwart Tribut zahlen müssen: Zwischen zwei dunkel in den Himmel ragenden Brandmauern hat sich nicht unglücklich, wie man zugeben muß, ein modernes Appartementhaus placiert, eine Wohnung der Anonymität: kein Namensschild neben der dunkelgetönten Glastür, nur eine auf Hochglanz polierte Messingklingel für Besucher und Lieferanten.

Ein Blick durch das Glas zeigt einen Innenhof, wie wir ihn hier kaum vermutet hätten: im Mittelpunkt des sorgfältig geschorenen Rasens eine alte Platane, Relikt und Reliquie, umgeben von Glas und Beton, Etage auf

und die Früchte des Meeres,

Etage stufenartig zurückgesetzt, großzügig gebaute Balkone, die Luft und Licht ins Innere lassen: bauliche Individualität, angepaßt den Bedürfnissen von sechs oder acht Familien, die es sich leisten können, hier zu wohnen, wo die Mieten und Grundstückpreise schwindelerregend sein sollen.

Doch nur ein paar Häuser weiter die kleine Papeterie, die bisher die Supermärkte und Kaufhäuser überlebt hat, das Schaufenster eines Schneiders, in dem ein Porzellanschild mit Goldbuchstaben *100 Jahre Qualität* verkündet, der Blick in den Hof eines Installateurs, wo sich Rohre, Kacheln und Klosettbecken stapeln, die Innereien der Weltstadt.

Aber auch die Tage vieler dieser Häuser und Höfe sind gezählt: Abriß und Umbau bedrohen die alte Substanz der Stadt trotz eines Gesetzes, das André Malraux, der Kulturminister de Gaulles, 1962 durchsetzte und das einige der alten Pariser Viertel bisher vor eingreifenden baulichen Veränderungen bewahrt hat.

Dieses Haus hier, Rue Vaneau Nr. 1, in dem André Gide wohnte und starb, wird vielleicht überleben, möglicherweise dank der Gedenktafel über der Haustür.

Vom «Bon Hôtel», Nr. 42, finden wir allerdings nur noch verschlossene Türen und verhangene Fenster. Zur Vergangenheit des Hauses gehört Joseph Roth, zerstrittener und streitbarer Immigrant, der einem Feuilleton über das Wohnen in Hotels den schönen Satz voranstellte: *Ich will hier heimisch sein, aber nicht zu Hause.*

Spuren, die die Vergangenheit hinterlassen hat und die uns weiter hineinführen in dieses Ensemble von Höfen und Fassaden, deren Gegenwart uns empfängt.

Der Blick streift hohe, bis fast auf den Fußboden jeder Etage reichende Fenster. Hinter der wehenden Gardine das Gesicht einer alten Frau, die Tauben füttert, die sich auf dem Sims trippelnd und pickend bewegen. Was sich hinter den Mauern verbirgt, werden wir nie erfahren; und auch die Geschichte, die in den alten Wohnungen nistet, wird uns ein Geheimnis bleiben, denn wir sind hier weder heimisch noch zu Hause ...

Aber das alles, das wir hier zusammenzubringen versuchen zu einem Bild (glauben wir es nun endlich?), ist, wenn auch Fassade, Anblick des Außen, unaustauschbar und unverwechselbar das einer Straße der Innenstadt von Paris. Mercier berichtet, daß die Toreinfahrten der Häuser mit Mist bestreut wurden, um den Lärm der ein- und ausfahrenden Kutschen zu dämpfen. Heute gehören diese Einfahrten den Automobilen oder sind zu Garagen umgebaut.

Parkende Autos haben auch von der stillen Rue Vaneau in langen Reihen Besitz ergriffen. Doch trotz der Wagen, die die Straßenfronten der Häuser verstellen, bleibt das Sichtbare sichtbar, zumindest für uns.

Wie Schauspieler, die auf ihr Stichwort warten, sind auch wir — eingetreten in einen winzigen Raum, der einen Café crème verspricht — Akteure am Rand der Szene: Hier diskutieren Chauffeure und Lieferanten, Zeitungen werden gelesen, Nachrichten kommentiert.

Der Patron, der uns den Kaffee bringt, freundlich und rücksichtsvoll unser Nicht-dazu-gehörig-Sein respektierend, macht zu den Stammgästen eine Bemerkung. Man lacht.

An der Theke, wo man einen Rouge ordinaire trinken kann und Zigaretten erhält, flirtet ein Mädchen mit einem Soldaten.

Für einen Augenblick haben wir das Gefühl, doch in der Szene, die uns umgibt, mitzuspielen, nicht Fremde zu sein, sondern dazuzugehören. Selbst das «Pardon, Messieurs» eines Betrunkenen, der sich unsicher an unserem Tisch vorbeibewegt, wirkt in dieser Minute sympathisch. Doch unser leiser Verdacht, daß das, was sich rings um uns abspielt, das normale Leben sei, Teil des Alltags von Paris, verflüchtigt sich schnell. Euphorisch gestimmt, sind wir bereit, ein Detail für das Ganze zu nehmen, die Szenerie des Bistro in der Rue Vaneau als das Pariser Leben schlechthin.

Weshalb sollen wir aber nicht, wenigstens für eine Viertelstunde, in dem Glauben gelebt haben, Paris sei *so*, wo es doch auch *so* ist und zugleich anders?

Der Nieselregen, der uns empfängt, als wir wieder den Asphalt betreten, das Quietschen der Bremsen von zwei an der Kreuzung beinahe kollidierenden Autos geben uns das Gefühl der Fremdheit zurück. Und wir erinnern uns, daß wir ja hier sind, um einen Auftrag zu erfüllen, der uns verpflichtet, den Spuren eines Lebens zu folgen.

VI

Rue Vaneau 48: das ist das Haus, an dem wir vorbeigegangen sind, das wir aber gemieden haben bisher, Kaffee trinkend und flanierend, denn schließlich wollten wir wissen, in welcher Umgebung es steht, fünfgeschossig, hinter Gerüsten, denn zur Zeit erhält seine Straßenfront einen neuen Verputz.

Im Flur hinter dem Eingang, gleich links zu ebener Erde, öffnet sich eine Tür. Es erscheint die Concierge: «Qui est-ce que vous voulez voir, Messieurs? – Ah, Madame Goll! Oui, c'est ici ...»

Wir steigen die teppichbelegten, knarrenden Holztreppen empor. Kein Fahrstuhl, der uns in die fünfte Etage bringen könnte, dafür Geländer, Täfelung, Türen aus gediegenem Holz, vornehmes 19. Jahrhundert. Selten ein Schild, das den Namen eines Bewohners preisgibt. Es reicht, daß man hier wohnt: das Haus selbst, das Arrondissement, in dem es sich befindet, sind Symbole der Zugehörigkeit zu einer Gesellschaftsschicht, dem intellektuellen Bürgertum der Metropole.

Es scheint zur Atmosphäre dieses Hauses zu gehören, daß irgendwo hinter einer der Türen hartnäckig Chopin geübt wird. Wie in vielen der alten Häuser der Innenstadt sind auch hier die Wohnungen Eigentum ihrer Bewohner, teuer und ohne den Luxus der Neuzeit.

Ein Fußabtreter mit den Initialen C. G. deutet in der fünften Etage diskret darauf hin, wer hier wohnt. Als wir geklingelt haben, öffnet sich die Tür nur einen schmalen Spalt breit. Ah, Sie sind es! Eine Kette wird hinter der Tür entsichert. Man muß vorsichtig sein, immerzu wird irgendwo eingebrochen, geraubt.

Solcherart Introduction in die Ängste der Citybewohner begleitet uns

die Poesie der Hinterhöfe,

ins Innere der Wohnung in einem Haus, das inmitten dieser sinnverwirrenden Stadt aus lauter Stille gebaut scheint, eine Stille, die durch die Takte der Chopin-Etüde, die jetzt gedämpft zu vernehmen sind, noch unheimlicher wirkt.

Die Wohnung, die wir betreten haben, scheint winzig. Schon der schmale Korridor erlaubt uns beim Ausziehen unserer Mäntel keine unachtsamen Bewegungen: Vorsichtig, die türkische Lampe, die Yvan mir schenkte!

Aber am Ende des Korridors befindet sich eine Tür, dahinter die Garderobe, die, obwohl reichlich gefüllt, unsere Mäntel noch aufnimmt.

Madames Arbeits- und Wohnzimmer, in das wir eingetreten sind, ist, wie übrigens alle Räume der Wohnung, vollgestopft wie ein Museum: Möbel, Andenken, Bilder, Manuskripte und Bücher, die sich auf den Tischen türmen, Plastiken in Regalen, Fotos hinter Glas.

Und die Fensterläden geschlossen, auch jetzt, denn die Kostbarkeiten, die Originale von Matisse, Léger, Picasso und Dali, vertragen kein Tageslicht. Die wertvollen Teppiche mit transparenten Folien geschützt. Das Leben von Claire und Yvan Goll in einen Raum gepreßt: Fassen Sie um Gottes willen nichts an und legen Sie Ihre Kamera nicht auf diesen Sekretär, an dem Yvan geschrieben hat.

Wie begegnen wir nur dieser Frau, die sich uns gegenüber in einen alten Sessel placiert hat, den kleinen, mageren Körper in ein Plaid gehüllt, obwohl der Gasheizer eine Hitze verbreitet, die uns Schauer über die Haut jagt?

Wir kannten Fotos von ihr, Bilder: dieses zum Beispiel, aufgenommen, als sie noch jung war, zwanzigjährig vielleicht: Halbprofil, das Haar aufgetürmt, die Schultern entblößt. Oder ein anderes: sie füttert Tauben, der Pelzkragen, hinter dem sie sich zu verstecken scheint, flirtet mit ihrem Lächeln.

Doch was bedeuten derartige Reminiszenzen? Gehören sie bereits zu

auf die die Augen der Dichter blicken:

dem Bild, das wir uns von ihr gemacht haben, noch ehe wir sie kennenlernten?

Die Krankheit hat sie versehrt, die Augen sind nicht mehr so groß und dunkel wie auf den Fotos und verstecken sich hinter dem Rahmen der Brille, durch die sie uns ansieht.

Ist das die Frau, die Traumtänzerin, die von ihrer freudlosen Kindheit im München der Jahrhundertwende geschrieben hat? Ist das Liane, der Rilke — ein Rilke, wie man ihn kaum kennt — Liebesbriefe schrieb?

Sie klagt über alles, was ihr zur Last geworden ist: Paris, das wir loben, ist unerträglich, das Leben zu teuer, die Freunde gestorben und die noch Lebenden, ach, sie winkt ab ... Picasso war geizig, Chagall malt immer nur meckernde Ziegen ... Indiskretionen begehe ich selber, die anderen haben kein Recht ...

Wenn sie nicht etwas sucht in dem Berg von Papier, der sich um sie herum auftürmt, den Brief zum Beispiel, den wir ihr schrieben wegen der Yvan-Goll-Ausgabe, derentwegen wir hier sind, sind ihre Gesten sparsam. Nur selten und mit großer Mühe erhebt sie sich aus dem Sessel und geht mit schleppenden Schritten von einem ins andere Zimmer, um etwas zu holen, während wir die Bilder an den Wänden betrachten, die Bronzebüste Yvans auf dem Regal oder den elsässischen St. Sebastian, der neben dem Sekretär ins Dunkel verbannt ist.

Reliquien ihrer eigenen Vergangenheit, wo man hinsieht: der kleine Altar aus Tolstois Besitz, den Rilke ihr geschenkt hat; oder ein aufklappbares Bild, ein Doppelakt, eine erotische Szene: sie mit einem ihrer Geliebten. Und zwischen den wenigen Handbewegungen, wie zur Bekräftigung des eben Gesagten, immer wieder ein anderes Stück aus der Vergangenheit, flüchtig gezeigt, als könnte es, lange verweilend, unsere Augen verletzen.

Dazwischen kurze Verständigungsversuche, die sie sehr schnell ermüden, über das Buchvorhaben. Bücher, Broschüren — wertvolle Erstausgaben — gehen durch unsere Hände, auch sie Heiligtümer, mit warnenden Hinweisen, ihre Behandlung betreffend, überreicht. Wir machen Notizen, nützen die Intervalle, die zutage bringen, woran sie sich erinnert.

Jetzt, da ich dies schreibe, Claire Goll, wenige Monate nach Ihrem Tod, will ich die Fakten des Lebens, das Sie hinter sich ließen, nicht wiederholen. Sie selbst haben ja zu Protokoll gegeben, was sich zwischen Wahrheit und Dichtung vollzogen hat.

Es gibt Ihre Briefe an Yvan, Details einer Liebe mit sehr langen Trennungen. Wir wissen, daß Rilke Sie liebte, und könnten die lange Reihe der Männer, die Sie geliebt haben, hier mühelos vorbeidefilieren lassen. Die Presse hat das besorgt, Sie selbst haben sie daran nicht gehindert.

Und Sie waren ja schließlich auch fast ein ganzes Jahrhundert lang an vielem beteiligt, das sich auf der langen Strecke zwischen Berlin, Paris und New York zugetragen hat. Der Klatsch hat das Seine getan, um Sie berühmt zu machen. Und wie so oft wurden dabei Ihre Gedichte, Ihre Bücher und Ihr wirkliches Leben in den Hintergrund gestellt.

Man sagt Ihnen Geiz nach — und als Sie mir meinen elektrischen Ruhla-Wecker abkauften, weil Sie dergleichen sammelten und damit den Kaminsims Ihres Schlafzimmers verzierten, zahlten Sie mir nicht eine Centime mehr, als Ihnen Ihr Bankier, den Sie deswegen anriefen, riet.

Sie haben geschimpft, als wir die hohe Rechnung im *Petit Lutetia*, wohin Sie uns eingeladen hatten, mit unseren knappen Devisen nicht begleichen konnten, und Sie haben schließlich das wenige, das Sie genossen hatten, selbst bezahlt. Dergleichen, sagten Sie, sei Ihnen noch nie passiert.

Aber Sie haben uns Ihre Türen geöffnet und ließen uns Schränke und Mappen nach Manuskripten für unser Buch durchsuchen. Wir sahen aus dem Fenster Ihrer winzigen Küche, wo wir Ihnen und uns Kaffee brühten, in den Klostergarten, in dem die Nonnen Volleyball spielten, und standen in Ihrem Eßzimmer, das genauso mit Büchern verstopft war wie alle anderen Räume Ihrer Wohnung, im betäubenden Duft eines Krautes — es war wohl Patchuli.

Ich schleppe nicht den Ballast Ihrer Erinnerungen mit mir herum, aber ich glaube, ein Bild von Ihnen zu haben. Und blättere ich jetzt in Ihren Büchern oder in der Monographie, die über Sie verfaßt wurde, so sehe ich die Porträts, die Foujeta, Audiberti, Léger oder Chagall von Ihnen zeichneten, als Sie noch jung waren. Doch diese Bilder werden verdrängt von einem inneren Bild, das ich aus Paris mitgebracht habe.

Als eine müde, verbrauchte Königin sehe ich Sie in Ihrem Sessel wie in einem Thron sitzen, um die Knie die wärmende Decke, regierend ein Weltreich der Imagination, und neben Ihnen der Schatten Yvans, dessen Werk Sie verwalteten, als sei es Ihr eigenes, über welches Sie kaum sprachen, als wäre es nur eine Randglosse zu seinen Gedichten, Romanen, Stücken und Essays.

Jetzt, da Sie unter der Grabplatte liegen, dort auf dem Cimetière du Père-Lachaise gegenüber dem Grab von Chopin, gehe ich in meinen Gedanken noch einmal von der Station Vaneau zurück zu Ihrem Haus und, an der Concierge vorbei, die knarrenden Treppen empor.

Und wieder übt jemand hartnäckig Klavier. Und Ihre Tür öffnet sich wiederum nur einen Spalt breit. Und ich sehe Ihr Gesicht im Halbdunkel des kleinen Korridors und folge Ihnen dorthin, wo der Kristalleuchter brennt im dämmrigen Licht dieses Tages. Und noch einmal sehe ich die Bilder: den Dali mit der — wie anders? — zerschmelzenden Uhr, die Collage von Léger, die vier Lithographien Picassos, Illustrationen zu den Iphetonga-Elegien von Goll, und die signierten Fotos von Einstein, Sartre, de Gaulle und Chagall.

Die Bücher, die Sie uns für unsere Arbeit liehen und die Sie alle sorg-

Blumen für Claire Goll.

fältig mit einem Einkleber versahen, auf dem Ihr Name und Adresse gedruckt waren, über die Sie ein *Zurückzugeben an:* schrieben, liegen noch vor mir, ein stattlicher Stoß.

Wir haben Ihnen zum Abschied japanische Federastern gebracht, die Sie, wie Sie sagten, lieben. Wir kauften sie an einem Sonntagnachmittag in einem Blumengeschäft irgendwo zwischen der Place Bourbon und der Rue Varenne. Die Straßen glänzten im Regen, Lampen und Lichter schwammen im schwarzen Asphalt, *Dominique Pitou* war über dem Laden zu lesen, der, überfüllt mit den Blumen aller Jahreszeiten, an diesem Januartag wie ein Wunder auf uns wirkte. Winzige Zwergwachteln, wie ich sie erst neulich in einem Blumengeschäft einer polnischen Stadt wiedersah, liefen zwischen unseren Füßen, während wir unsere Rechnung bezahlten.

Vielleicht, Madame, waren wir *nur* an diesem Abend wirklich in Ihrer Stadt, auf dem Weg zu Ihrem Haus, zum letzten Mal.

Sie waren müde, Sie hatten gearbeitet, kaum eine halbe Stunde lang konnten wir noch einmal mit Ihnen sprechen.

Wie gern hätten wir Sie an diesem Abend zum Abschied umarmt — eine Geste, die in Frankreich selbstverständlicher ist als bei uns —, aber wir unterließen es, diese Vertraulichkeit unserer eigenen Unzulänglichkeit opfernd.

Wir gingen, und draußen setzte der Regen mit einem jener Nocturnos ein, von denen Sie sprachen, als Sie den Platz erwähnten, wo Sie begraben sein wollten: gegenüber dem Grab von Chopin.

Es war Januar, und nichts blühte, als wir durch die nächtlichen Tuilerien gingen. Aber wir dachten, während wir gingen, an die Blumen im Laden des Dominique Pitou und an die Astern in der Vase auf dem Sekretär, an dem Goll schrieb und auf den nichts gelegt werden durfte.

Quartier Latin – Kulisse für «La Bohème»,

VII

Jetzt, in der Gegenwart dieses Sommers, umgeben von Fotos, Aufzeichnungen, Büchern, beschwört man die Vergangenheit. Gelebtes Leben, Intensität, die man mitteilen möchte: Beginnt hinter dem Doppelpunkt erst, was einst war?

Erinnert sei, was man begriff und was verging, die von Autos verstellte Stadt, der eisige Wind, der durch die Rue Mouffetard wehte und der uns die Gasse hinauftrieb in ein Café an der Place de la Contrescarpe, in dem in den dreißiger Jahren die Emigranten Erich Arendt und Johannes Wüsten über eine ungewisse Zukunft sprachen, die nun auch schon der Vergangenheit angehört.

Das Bild von Paris, das wir nun besitzen und von dem wir zumindest glauben, daß wir es haben — ist seine Existenz in unseren Wörtern dingfest zu machen und zu erhalten?

Erinnern ist eine seltsame Tätigkeit, eine Anstrengung zwar, die uns zugleich erfrischt und ermüdet, die uns aber auch die Fragwürdigkeit unseres «Aufenthalts auf Erden» bewußt werden läßt. Denn wir haben ja in dieser Stadt, die uns umgab, nicht im eigentlichen Sinne *gelebt*: Die von der Kürze des Aufenthalts gesteigerte Intensität, das Vermögen, die Bilder schärfer zu sehen, als es dem hier Lebenden möglich ist, gleicht einem Traum von gewonnener Zeit, vom Überschreiten einer Zeitgrenze.

Zehn Tage *Gegenwart* in dieser Stadt, die sich ihren Besuchern vor allem durch ihre Vergangenheit mitteilt, ähneln dem Text eines Exposés, das nur eine Ahnung von dem vermittelt, was sich zwischen den Zeilen verbirgt.

Und die Gegenwart ist dem Gast nicht getrübt durch die Aussicht auf eine Zukunft, die oft durch den Fortschritt, der *seinen Gang geht*, verstellt scheint. Paris, umgeben von Wohnmaschinen, opfert der Zukunft, welche die Geschichte zu überholen beginnt.

Darüber zu klagen ist sinnlos, zumal für uns, die wir nicht zuständig sind, Urteile zu fällen, und uns nur auf die Authentizität unserer eigenen Augen berufen können.

Das Waren-Ensemble, das wir durchstreifen, die endlosen Etagen der Galeries Lafayette beispielsweise, das Wegwerf-Gehabe der Boutiquen und Restaurants lassen uns allerdings spüren, daß die Kraft der Vernunft, an die wir ja glauben, auch ihre schwachen Stunden gehabt haben muß.

Die Sex-Shops — mit der immerhin kräftigen Phantasie des Marquis de Sade können sie nicht konkurrieren. Die Szenen, die er in seinen *120 Tagen von Sodom* von den Ausschweifungen des Adels hyperbolisch entwarf, gehören der Pariser Gesellschaft der vorrevolutionären Epoche an. Ein fader Nachgeschmack des kulturellen Klimas und des erotischen Untergrunds, denen der Marquis Ausdruck gab, hat sich heute an die Öffentlichkeit gewagt.

Daß Paris trotzdem sein erotisches Fluidum besitzt, spürt man auf seinen Straßen, in den Omnibussen und in der Metro. Die Studentinnen und Studenten, die sich in den Kellerlokalen des Saint-Germain-des-Prés oder in den Kneipen des Quartier Latin vergnügen und diskutieren, gebärden sich durchaus nicht prüde. Zwischen ihnen gibt es die Selbstverständlichkeit erotischer Begegnungen, eine andere Art von Erotik als jene, die um den Montmartre zu Hause ist, der verbraucht und verblichen wirkt, wie die Spielarten der gewerblichen Lust, die seinen Charme entstellen.

Paris' literarischer Ruhm aber, Abbild der Stadt durch die Jahrhunderte, dringt in die Erinnerung allerorts ein, ist Teil dieser Stadt, mitvermittelter Ruhm, der sich nicht ausschöpfen läßt und noch in seinen Widersprüchen nachwirkt.

In einem Brief vom September 1902 prägt Rilke, offenbar nicht

Café noir ...

ohne einen Blick auf das Wappen der Stadt, das ein Segelschiff zeigt, das Bild von der *Galeere* Paris: *Paris? Paris ist schwer. Eine Galeere. Ich kann nicht sagen, wie unsympathisch mir alles hier ist, nicht beschreiben, mit welcher instinktiven Ablehnung ich hier herumgehe. Diese Leute haben (das ist wahr) einen Ausweg gefunden, eine Art das Leben zu nehmen und auszunützen. Aber dieses Leben ist ein niedlich eingerahmter Spiegel, in dem nichts drin ist als der, der jeweilig hineinschaut ...*

Aber man weiß auch, daß der Dichter als stiller Sonntagsspaziergänger im Adelsviertel Faubourg Saint-Germain um die alten Paläste herumstrich, in Sehnsüchten schwelgend, daß eine Grand'mère imaginären Ursprungs doch einmal ihren Lieblingsenkel zu früher Stunde empfange.

Eingeprägt hat sich uns allerdings das Bild von der *Galeere*, dem Sklavenschiff, das, auf der Strömung der Seine gerudert, seinem uns unbekannten Ziel zustrebt. Und wir haben dieses Bild, als wir uns auf die Reise vorbereiteten, wiedergefunden in einem Gedicht Yvan Golls, dem *Lied von der Galeere Paris*, 1940 in New York als Dokument der Trauer um das von den Nazis okkupierte Lutetia geschrieben:

Treibe Galeere
Auf dem Parvis
Von Notre-Dame
Von Paris

Frankreichs Schiff
Des Vergessens Kurier
Immer vor der Abfahrt
Nicht dort nicht hier

Dein Kapitän
Mit schwarzem Handschuh
Fährt hinab die Seine
Dem Abend zu

Zwei Farben schau
Wehen vom Boot
Voltaires Blau
Villons Rot

Hoch in den Segeln
Sind Nester geborgen
Aber im Schiffsgrund
Die schweren Sorgen

Gleite hinab
An Ufern dahin
Sieh aus der Stadt
Die Hoffnung fliehn

So die ersten sechs Strophen dieser nicht enden wollenden Elegie: ein Blick der Hoffnungslosigkeit, gesandt über den Ozean, mit dem Goll, der, Emigrant, *Johann Ohneland*, wie er sich als Figur eines Zyklus selbst nennt, die in der Stadt Gebliebenen erreichen will.

Aber das *Lied von der Galeere Paris* ist auch ein Fazit: Resümee des Emigranten, der nun, in Amerika, wieder an der Seite Claires lebt, auf die in dieser Stadt verbrachten Jahre. In diesen Jahren hat er der Stadt in Vers und Prosa ein Denkmal gesetzt und die Straßen und Plätze, von denen wir reden, mit der Ahnung nahenden Untergangs durchstreift: Paris brennt, und es fliegen die Engel auf in unsichtbaren Lifts. Und das Rollen aller apokalyptischen Güterzüge und Vorortbahnen wird in seinen Versen hörbar, bis rund und rot die Sonne steigt hinter Paris, die Sonne, die ein gelber Löwenzahn ist und das Blond im Haar einer Tippmamsell auf Montmartre. Ja, Paris ist auch in diesen Versen deine Herde, Apollinaire, die sich um den Eiffelturm schart: Hochspannung, und die Platinnadel des Eiffelturms glüht.

Aus der Unterwelt dringt die Melancholie, von der dieser Orpheus singt: Musikant des Herbstes, Orpheus, der von sich sagt, seit er Eurydike sah, müsse er sich umdrehn nach allen Frauen der Erde.

Doch Golls Melancholie ist nicht mehr dem alten Rilkeschen Schmerz vergleichbar, der sich selbst so ernst nimmt und alle Dinge zu Objekten macht, die diesen Schmerz zu tragen haben, wie es der Dichter will.

Paris ist für Goll auch die dreißigjährige Frau, von der man als Jüngling träumte: matte hellbraune Schultern, lange Augenbrauen mit Sentimentalität darunter, Origan de Coty, türkische Kissen, und der Gemahl immer im Ministère de la Marine beschäftigt.

1919 kommen die Golls nach Paris. *Stadt und Menschen sind unausschöpflich. Anfangs litt ich unter Paris und jetzt bin ich ganz verwurzelt.* So Claire an Rilke 1920.

Indessen hält Yvan im Pariser Tagebuch fest: *Paris ist leider keine steinerne, sondern eine fleischerne Stadt. Die Menschen rinnen rosa und grau zwischen den Häusern und als dickes Dämmern durch die Stationen der Untergründe.*

Aber als endgültiges Fazit seines Lebens rühmt er Paris als *erdichtete Stadt.* Zurückgekehrt aus dem Exil, drei Jahre vor seinem Tode, 1947, schreibt er: *Paris ist herrlich, o wie beruhigend und beseligend.*

Derartige Epiphanien, die uns Städte, die notwendigerweise fremd bleiben müssen, selten genug vermitteln, kennen wir aus der Literatur: das

und das Leben der Jugend.

Warschau Alexander Blocks, das Dublin von Joyce, das Paris Rilkes im *Malte* lassen Ahnungen in uns entstehen, die wir möglichst bestätigt sehen wollen, wenn wir diese Städte eines Tages besuchen sollten.

Die Vision des Augenblicks, wie ich sie einmal erlebte, als ich ahnungslos den Bahnhof von Vilnius verließ und plötzlich aus einem Fenster des Hotels *Gintaras* die Stadt mit ihren Türmen und Kuppeln zu meinen Füßen liegen sah, gewährt uns Paris nicht.

Paris, *die erdichtete Stadt*, erreicht man nicht durch das Tor der Vision, es sei denn, man erlebt sie in den Träumen, wenn man wieder zu Hause ist. Dann rundet sich die Stadt wieder zu jenem Panorama, das man von der Terrasse der Sacré-Cœur genießt, wenn die Dächer, Giebel und Türme sich im Dunst eines Wintertages verlieren, so daß selbst Notre-Dame nur noch als eine Ahnung von sich selbst erscheint.

Erdichtet aber ist diese Stadt zweifellos: erdichtet der Eiffelturm, den wir nie erreichten, sondern nur von irgendeinem Punkt des Boulevard du Montparnasse oder von den Stufen des Invalidendomes in der Ferne erblickten.

Erdichtet scheint Sacré-Cœur, ein architektonisches Irrsal aus weißem Tuff, doch immerhin so von seinen Erbauern placiert, daß seine Abwesenheit eine unausdenkbare Lücke im Bild der Stadt hinterließe. Erdichtet auch die hängenden Gärten an der Île de la Cité oder der kleine Park an der Spitze der Insel, die wie der Bug der Galeere Paris in den Strom ragt.

Erdichtet auch Notre-Dame, durch die laublosen Äste der Espen gesehen: graues Netz aus Pfeilern und Bögen, Schiff, das durch den Abend schwimmt, wenn sich die Abgasfahnen mit den Kristallen des Frostes vereinen.

Daß diese Stadt, die nach dem Maß und dem Bedürfnis des Menschen gebaut scheint, sich seiner nicht annimmt, beklagte schon Mercier: *... also lautet hier das oberste Gesetz: Jeder sehe selber zu, wie er sich*

Rue Toullier: hier wohnte Rilke.

durchschlage. Ich gebe zwar zu, daß die Stadt in voller Blüte steht, doch sie blüht auf Kosten der gesamten Nation.

Trotzdem sind die Ausrufe des Entzückens über die Schönheit der Stadt und über die angenehmen Seiten ihres Lebens nie verstummt. Heine, der in der *Lutetia* auch die Nachtseiten der Stadt bloßgelegt hat, schrieb 1831 an den Komponisten Hiller: *Fragt Sie jemand, wie ich mich hier befinde, so sagen Sie: wie ein Fisch im Wasser. Oder vielmehr sagen Sie den Leuten, daß, wenn im Meer ein Fisch den anderen nach seinem Befinden fragt, so antwortet dieser: Ich befinde mich wie Heine in Paris.*

VIII

Früh gegen sieben beginnen die Reinigungswagen, die schweren Berliets, das Panthéon zu umkreisen, ein erstes Erwachen, das zu einem Blick aus dem Fenster verführt: ein eiliger Fußgänger, ein knatterndes Motocyclette, ein Anwohner, der seinen Wagen startet.

Dunkel hinter den Fenstern des vornehmen Hauses schräg gegenüber, wo am Abend hinter den Tüllgardinen Szenen familiären Lebens wie in einem Film ablaufen.

Zu dieser frühen Stunde ist Paris noch nicht in der Stimmung, um Zwiesprache mit uns zu halten. Ein wenig Schnee ist gefallen, die Luft, die durch das geöffnete Fenster dringt, riecht nach Frost.

Die Freiheit, die uns die Stadt zu dieser Stunde gewährt, es ist gegen neun, ist die der Entscheidung: Wir können wieder die Rue Soufflot hinuntergehen zum Luxembourg-Garten oder uns in den Straßen und Gassen des Quartier Latin verlieren — solches Gehen kennt kein Ziel und keine Sicherheit außer der, nichts verfehlen zu können.

Denn wohin wir auch gehen und was sich auch verändert haben mag, seitdem Hemingway diese Gegend beschrieb: immer noch gilt, daß es *viele Wege* gibt, auf denen man *vom oberen Ende der Rue du Cardinal-Lemoine hinunter zum Fluß gelangen* kann.

Sollen wir noch einmal Saint-Etienne-du-Mont betreten, jene Kirche, hinter deren dreigiebeliger Fassade, einer Melange aus Gotik und Renaissance, Racine und Pascal ihre letzte Ruhestätte gefunden haben?

Etwas Durchbrochenes, Filigranes, das aus dem zwischen den aufstrebenden Pfeilern waltenden Dunkel hervorleuchtete, ist uns im Gedächtnis geblieben. Und war es nicht hier, wo uns, ähnlich wie in Notre-

Ein Schiff – Notre-Dame-de-Paris,

Dame, eine Empfindung nahe war vom Unterschied zwischen deutscher Mystik und dem, was man französischen Geist nennen könnte?

Ein milchiges Licht liegt über der Rue Monge, Querstraße der Rue du Cardinal-Lemoine, die den Blick auf den Turm Saint-Jacques freigibt, der wie eine graue Intarsie in den östlichen Himmel eingelegt ist.

So hat ihn Rilke gesehen, der nach Paris kam, um hier zu leben, und feststellen mußte, daß sich hier leichter stürbe.

Der Januar in Paris sei schwer zu ertragen, sagt uns später ein Freund. Und man muß dem an leichteres Klima gewöhnten Franzosen tatsächlich glauben, daß es ihm schwerfällt, sich dem kühlen Wind, der jetzt, wenige Tage nach Neujahr, von der Seine her durch die Straßen weht, zu widersetzen.

Man geht nicht, man eilt, und viele der unzähligen Nebenstraßen sind menschenleer, nur die Unzahl der parkenden Automobile — Dauerthema aller Pariser Citybewohner — wirkt wie ein Beweis der dichten Population.

Aber wir, denen im Klima von Leipzig und Halle kein Feigenbaum wächst, wie er Yvan Goll im Hinterhof eines kleinen Hotels in der Rue des Beaux-Arts entzückte — *Wir sind in einem Hotel abgestiegen, im Herzen von Paris, und schauen auf einen Feigenbaum im Hof* (Brief an Alfred Döblin) —, sind zufrieden, daß uns der Winter in diesen Tagen mit Nebel und Nässe verschont, und empfinden die leichte, trockene Kälte wie einen Nachklang des Wortes *Noël*, das noch hier und da auf den Schaufensterscheiben in bunten Buchstaben leuchtet.

Weihnachten ist hier schon etwas wie Silvester und auch schon ein wenig Fasching, und das Essen ist leichter und auch die Weine, und es waltet wohl auch nicht unsere protestantische Strenge im Geist dieses Festes, die uns in unseren Breiten mitunter vermuten läßt, Christus sei in Schwerin oder in Güstrow geboren, wozu freilich paßte, wenn es hieße *Es war kalt in der Herberge.*

ein Mast unter Masten – Tour St-Jacques.

Nein, es geht hier ohnehin ein wenig fröhlicher zu als bei uns, wenn man ißt und trinkt. Und auch die Patronne an der Caisse und Irène, die Kellnerin, ließen uns erkennen, daß zwischen ihnen und uns eine Gleichheit besteht, die in der Freude über den Geschmack des Nouveau Beaujolais, des Weißbrotes, des Käses, in Dingen also, die ihnen den gleichen Genuß bereiten wie uns, ihren Grund hat.

So wird man an einen Satz George Moores erinnert: *In England schmecken die französischen Weine wie Tinte, aber in Paris schmecken sie nach der Sonne Frankreichs.* Und wenn wir auch nicht beurteilen können, wie die französischen Weine in England tatsächlich schmecken — wir glauben George Moore!

Es schien uns, als wäre jener Abend, an dem wir zum letzten Mal Claire Goll besuchten, der einzige gewesen, an dem uns Paris mit seinen spiegelnden Lichtern und der Nässe seiner Straßen angenommen hatte. Jetzt beginnen sich noch einmal alle widerspruchsvollen Empfindungen in uns aufzuheben:

Auf dem Weg zur Pont de la Tournelle, wo die Sonne ein wenig durch einen Himmel von der Farbe ungebleichten Leinens hervorlugt, beginnen die Steine in allen Grautönen zu leuchten: vom Grau der Quais bis zu einem in den Steinen zögernden Gelb, wie wir es von den Bildern Utrillos kennen.

Die Spitze der Île de la Cité, die drei Bögen der Pont de l'Archese, der Quai d'Orléans mit den Pappeln, die entlaubt unten vom Fluß herauf ihre emporstrebenden Zweige vor die schmalen, steil aufragenden Fassaden der alten Häuser schicken — der Blick faßt das alles noch einmal zusammen: nicht wiederholbar.

Die Apsis von Notre-Dame, umgeben von Strebepfeilern, die keine andere Funktion zu haben scheinen als die, dieses Gebilde aus Stein und Luft vollkommener zu machen, Parabelbögen, die sich nach oben verjüngen, um nur an einem Punkt oben am Sims anzukommen, weist mit der Nadel ihres Dachreiters über alles hinaus, was sie umgibt.

Stumpf und breit dagegen, ganz in sich ruhend, stehen die Türme des Querhauses, auch sie ein Spiel der Erbauer mit der Schwerkraft der Materie, dem Stein, der zu Geist geworden ist; ein Spiel vollkommener Einheit von Schwere und Leichtigkeit, von Gegensätzen, die sich ergänzen, aufheben, von Getragenwerden und Tragen.

Wir wissen freilich, daß man gegen eine derartige Beschreibung einwenden kann, dies sei nur ein Bild, sei Hülle, Fassade, die anderes umgibt und verbirgt: die Touristen zum Beispiel, die die Kathedrale mit ihrer nicht endenden respektlosen Prozession heimsuchen, Berge von Abfall hinterlassend, die die Kirchenschweizer am Abend zusammenfegen. Oder die Devotionalien- und Andenkenstände, die sich gleich am Eingang unter der ungeheuren Rosette etabliert haben. Und den Geruch des Weihrauchs und unzähliger brennender Kerzen, der einem das Atmen erschwert.

Nachdem man die Kathedrale wieder verlassen hat und von der Île Saint-Louis noch einmal auf die Île de la Cité zurückblickt, weiß man für einen Augenblick mit der Gewißheit, die nur der Liebe erlaubt ist, daß dieser Anblick zu jenen Glücksmomenten gehört, von denen man im Leben nur wenige erfährt. Ein Schleppkahn schiebt sich die Seine auf Notre-Dame zu, und die Bugwelle zerteilt den Wasserspiegel, als gehörten die Wellen, die an die Quaimauern schlagen, zu einem unveränderlichen Bild, das sich für immer in unser Gedächtnis begeben hat.

Und es ist gut, mit dieser Gewißheit weiterzugehen; denn dieser Anblick allein wäre Paris, wüßte man nicht, daß die Fixierung auf einen Moment nicht alles sein kann, wie man ja auch von einer Postkarte, die man aus unbekannter Ferne erhält, nicht erwartet, daß das, was sie uns zeigt, die ganze Wahrheit ist. Nur in der Ablösung dieser von Gleichmaß und innerer Ruhe gespannten Gewißheit durch eine Bewegung auf etwas anderes hin ergibt sich schließlich der Sinn unseres Hierseins.

Notre-Dame mit der Île de la Cité ist das Herzstück der Stadt — und es ist vielleicht sogar das Herz Europas. Die Geschichte jedenfalls hat diesem Platz diese Rolle für Jahrhunderte zugebilligt: Nachdem die Revolution dieses Bauwerk der Göttin der Vernunft geweiht hatte, was ihren Abriß als verhaßte Zwingburg des Glaubens verhinderte, ließ sich Napoleon 1804 in der Kathedrale durch Pius VII. zum Kaiser krönen.

Geblieben sind, trotz allen Streites um ihre Bestimmung, das Maßwerk ihrer Pfeiler und Bögen und die drei steinernen Rosen, durch die das Licht von Paris seinen Weg ins dämmerige Dunkel des Kirchenschiffs findet, gefiltert durch die Farben der Fenster.

Die Île Saint-Louis, die wir nun durchqueren, führt uns in andere Regionen der Geschichte: die Polnische Bibliothek, von Mickiewicz gegründet, läßt mit einer rot-weißen Fahne von einem Balkon in der ersten Etage unser Nachbarland grüßen. Das geschlossene Tor allerdings, an dem ein handgeschriebener Zettel in Polnisch irgend etwas von einer Renovation mitteilt, entbindet uns der geheimen Verpflichtung, ins Innere zu sehen, wo irgendwo hinter Glas ein Brief Goethes an den polnischen Dichter die Zeit überdauert.

Hier auf der Île Saint-Louis in einem der schmalen, geheimnisvollen Häuser nahm auch einst seinen Anfang, was heute das westliche Europa zu überrollen droht: die Rauschgiftwoge. Baudelaire gründete hier — zusammen mit Victor Hugo, Alfred de Musset und Balzac — den Club der Haschischraucher. Und aus dem süßen Nebel der bewußtseinserweiternden Droge erblühten — als könnte es anders nicht sein — die *Blumen des Bösen.*

Der leichte Schleier dieses Wintermorgens indessen hat sich gehoben. Die lebhafte Rue Saint-Antoine, die zur Place de la Bastille führt, blüht in den Farben ihrer Schaufenster auf. Etwas vertrauter schon als vor einigen Tagen auf der Rue de Sèvres ist uns inzwischen der Anblick der Fische und Austern, des Obstes, der Weine, der Blumen.

Jour des Rois: die Tuilerien.

Wie Gott in Frankreich zu leben ist zwar ein Gedanke, der einem hier einfallen darf, aber er ist ja nichts anderes als ein Mißverständnis, das uns weismachen will, in Frankreich lebe es sich von jeher besonders gut.

Immerhin reicht es für uns zu einem Kaffee an der Ecke der Rue Saint-Paul in einem der wenigen alten Restaurants, die es noch gibt. Hier, wo der Wirt noch selber bedient, wo wie zu Hemingways Zeiten ein paar abgerissene Amerikaner an der Theke lümmeln und die Speisen mit Kreide auf einer Schiefertafel angeschrieben sind, unter der die Unendlichkeit einer Batterie von Flaschen uns unwiderstehlich bedroht, so daß wir uns einen, allerdings sündhaft teuren Pernod bestellen, scheint die Welt heil.

Sie scheint. Denn natürlich sind wir in jeder Hinsicht Getäuschte, gefangen von der Lebendigkeit des Lebens dieser Stadt, dem Kommen und Gehen in diesem Lokal, von der Leichtigkeit einer Sprache, in der sich alles das sagen ließe, was wir verschweigen.

Das Mädchen am Nebentisch – für einen Augenblick kreuzen sich unsere Blicke –: würde es uns mitnehmen, dorthin, in eine der Seitenstraßen, wenn wir es wollten?

Und wüßten wir dann eigentlich mehr?

Um welche Erfahrungen wären wir reicher geworden durch eine Liebe, die eine Viertelstunde gewährt hat? Unser Wir, das wir gebrauchen, und hinter dem sich eigentlich nur unser Ich zu verbergen sucht, was nützte es uns in jenen Minuten?

Wir müßten es aufgeben an dieser Stelle, schamlos wie eine Radierung von Fragonard unser Alkovengeheimnis verkündend, eine Schamlosigkeit voller Takt, zu der wir es niemals gebracht haben. Wir, Sammler von Riedinger-Stichen, auf denen Hirsche mit brechenden Augen, von einer Meute gehetzt, über Gießbäche setzen.

Wir lassen auch von unserer romantischen Absicht, der Blumenverkäuferin auf den Stufen von Saint-Paul und Saint-Louis eine Rose abzukaufen, um sie dem rotblonden Mädchen am Nebentisch zu überreichen.

Welche Möglichkeiten von Mißverständnissen würden uns einholen, die Sprache versagte uns in so delikater Situation ihren Dienst: und alles wäre verloren: Haschisch.

So begreifen wir also unsere Grenzen in der Unendlichkeit aller Möglichkeiten, denn darin sind wir zu Hause: Abenteurer im Reich der Gedanken. Hier tragen wir alles zusammen, und wenn wir wieder zu Hause sind, schlagen wir nach in den Büchern und blicken zurück, wie Block, Alexander, der über die Île Saint-Louis, die wir eben verließen, bemerkte, daß man in der Polnischen Bibliothek wie in einem Zauberspiegel die Geister Byrons, Mickiewiczs, der französischen und der slawischen Revolution sehen könne.

Die Geister der Geschichte aber breiten sich aus wie der Geist aus Aladins Lampe, als wir die Place de la Bastille erreichen. Ein riesiger Platz, kaum übersehbar, nur in seiner Mitte die Säule als Achse, die Colonne de Juillet. Von der Bastille keine Spur, nur eine Linie auf dem Asphalt markiert noch den Umriß der Zwingburg, die sieben Gefangene einschloß, als siebenhunderttausend Pariser sie stürmten.

Die Revolution war bereit, die Bastille nur Symbol und Fanal, als man die Steine des Baus unter dem Jubel des Volks von Paris unter Entfaltung riesiger Staubwolken abtrug, wie Châteaubriand berichtet.

Das alles verbindet sich mit dem Namen der Bastille, die heute den umliegenden Hotels und Kneipen ebenso ihren Namen leiht wie dem Bazar *Motobastille*, der die Weltmarken der Motorradindustrie zur Schau stellt: BMW und Yamaha, Moto Guzzi und Norton, 100-PS-Symbole einer Zeit, die sich selber überholen will, ohne ihr Ziel zu kennen.

Eine endlos lange Rue de la Roquette im Stern der Straßen, die den Platz verlassen, überquert die Place Léon-Blum. Ansteigend erlaubt sie bald über die Dächer hinweg einen Blick zurück auf den über der Julisäule schwebenden Engel der Freiheit. Die Rue de la Roquette, das ist die Straße der Kommunarden von 1871: Hier entlang zogen sich die Föderierten vor den anrückenden Versaillern zurück auf das Gelände des Cimetière du Père-Lachaise, wo sie fielen oder schließlich von einer entfesselten Soldateska massakriert wurden.

Lissagaray, einer der großen Chronisten der neueren Zeit, beschreibt in seiner *Geschichte der Kommune von 1871* das letzte Gefecht der Kommunarden so:

Die Sonne blieb verdunkelt. Die fünftägige Kanonade hat den Regen herbeigezogen, der gewöhnlich große Schlachten begleitet. Das Kleingewehrfeuer hat seinen abgerissenen Ton verloren und ist in ein dumpfes Rollen übergegangen. Die Leute können, ermüdet und bis auf die Knochen durchnäßt, kaum den Punkt erkennen, von dem der Angriff ausgeht ... In den Häusern verschanzt, lassen sich die Föderierten töten, aber sie wanken und weichen nicht. Und Dank ihrem Opfermut wird der Bastilleplatz noch sechs Stunden lang seine Barrikadenreste, seine zerschmetterten Häuser vertheidigen. Jeder Stein hat seine Geschichte an dieser Stätte der Revolution. Hier in der Mauer steckt eine Kartätschenkugel, die im Jahr 1789 aus der Festung geworfen wurde. An dieselbe Mauer gelehnt, vertheidigen die Söhne der Junikämpfer dasselbe Pflaster wie ihre Väter. Hier haben die Konservativen von 1848 gehaust, aber was sind ihre Gräuel neben denen von 1871! Das Eckhaus des Boulevards Beaumarchais und Richard Lenoir, die linke Ecke der Rue de la Roquette, der Winkel der Rue de Charenton stürzen vor unseren Augen ein wie eine Theaterdekoration. In diesen Trümmerhaufen, unter diesen brennenden Balken feuern noch Leute die Kanone ab und stecken noch zwanzig Mal die rothe Fahne auf, die von den Versailler Kugeln zwanzig Mal in den Grund geschossen wird ...

Nichts vom Pathos, nämlich vom Leiden dieser Kämpfe, teilt die Rue de la Roquette uns mit. Eine Geschäftsstraße, die ihren belebtesten Punkt um die Place Léon-Blum hat, abgelöst dann von farblosen Häuserreihen.

Werkstätten von Grabbildhauern, wie sie sich um viele Friedhöfe reihen, mit still und verträumt wirkenden Hinterhöfen, undurchsichtige Seitenstraßen, gekennzeichnet durch den Verfall ihrer Häuser — das ist der Anfang vom Ende der Straße, die uns von der Place de la Bastille bis hierher vor das gußeiserne Tor des alten Père-Lachaise gebracht hat, ein Friedhof, den man in der Erinnerung an die Aufzeichnungen Lissagarays wohl kaum mit den Augen der Unschuld zu sehen imstande sein wird wie einst Lamartine: *Kein Platz ist galanter, kein Platz der Erde dem Himmel näher, kein Platz der Erde heiterer, wo so viel Genien vereint sind ... Ach, mein guter Vater, mein alter Vater Lachaise, du bist Paris, das gelebt hat und dort nun tot ist.*

R.I.P., alter Vater Lachaise.

IX

Wie immer, so müssen wir auch jetzt der Erinnerung unseren Tribut entrichten.

Gewiß, wir sind von der Place de la Bastille die Rue de la Roquette hinaufgegangen bis zum Gittertor des Père-Lachaise am Boulevard de Ménilmontant; wir haben beim Pförtner gleich am Eingang für ein paar Centimes einen Plan des Friedhofs erworben, auf dem die Ruhestätten der wichtigsten Toten verzeichnet sind; wir erinnern uns, daß wir eine breite, ansteigende Allee hinaufgingen — aber seitdem das geschah, sind Monate vergangen, Paris ist uns noch ein Stück weiter in die Ferne gerückt, der Sommer, der, als wir zu schreiben begannen, mit Nässe und Kälte kam, hat uns inzwischen verwöhnt.

Vorm Fenster beginnen die Äpfel zu reifen, Besucher kamen und gingen, Pflichten aller Art mußten erfüllt werden, kurz: wir wollten, bevor wir das Manuskript für einige Zeit beiseite legten, von einem Friedhof erzählen, dessen Atmosphäre uns schon einmal wieder so nahe war, daß wir glaubten, sie wieder gegenwärtig machen zu können.

Mit solchen Gedanken versehen, fällt es uns leichter, in der Erinnerung wieder durchs Gittertor des Père-Lachaise zu treten: Denn haben wir auch wenig von Paris gewußt und noch weniger von dem geplant, was wir in dieser Stadt, sollten wir sie einmal betreten, aufsuchen wollten — dies eine stand schon beim ersten Zeichen, möglicherweise nach Paris fahren zu können, mit Sicherheit fest: ein Besuch des Père-Lachaise.

Eigentlich sind wir erst jetzt in Paris wirklich angekommen, als wir diesen Friedhof betreten haben, der uns still und fast menschenleer empfängt, ein Ort, der die Namen der Kunst und der Geschichte versammelt, der aber trotz seiner vielen Wege nur wenige Ziele kennt.

Hier geht man noch einmal, nicht abgelenkt durch das Gedröhn des Verkehrs und die magische Kraft der Schaufenster, durch diese Stadt und ihre Geschichte.

Müßig, die Rolle des Flaneurs — man lese Poe, Baudelaire, Benjamin — an dieser Stelle noch einmal zu repetieren. Daß aber alle Straßen, die wir bisher in dieser Stadt gegangen sind, hierher führen, wo die verschlungenen, vom Gebüsch überwachsenen Wege den Schritt wie von selbst leiten, steht außer Frage.

Hinter dem Tor des Père-Lachaise beginnt das eigentliche Reich des Flaneurs, der von dieser Nekropolis akzeptiert wird wie die Liebespaare, die hinter den Grabsteinen Schutz suchen.

Bis zur Kuppe des Hügels, wo unter dem Krematorium in einer Krypta die Urnen derer, die es vorgezogen haben, nicht in der Erde zu verwesen, in Nischen wie in Regalen stehen, führen abseits der Hauptwege die Pfade, von Moos überwachsen, an den Grabsteinen und Monumenten vorbei.

Molière, La Fontaine, Marschall Ney, Beaumarchais, Marcel Proust, Börne — lassen wir es dabei. Unverhofft freilich, weil in diesem Augenblick nicht gesucht, neben einem verwachsenen Pfad auf einer Sandsteinstele die Marmorplakette Chopins. Nur wenige Schritte gegenüber das Grab Yvan Golls.

Eine Zeichnung Chagalls, graviert in schwarzen Granit, das Profil von Claire und Yvan — letzte Ruhestätte der im Leben so selten Vereinten, Mythologem zweier Leben, geschaffen von Jean Longuet, dem Bildhauer, dem Urenkel von Karl Heinrich Marx.

1950, als Yvan Goll hier, wie es in einem Bericht heißt, *provisorisch beigesetzt* wurde und das Grabmal noch nicht vorhanden war, schreibt ein Freund Golls nach einem Besuch des Père-Lachaise: *Die Friedhöfe Euro-*

pas sind alle übervölkert, auch die Totenstädte haben ihre Wohnungsprobleme. Aber man wird Raum schaffen. Die Konzessionen werden verfallen, die Gräber, die zehn Jahre lang nicht gepflegt worden sind, werden geräumt werden. Die Knochen werden einem Beinhaus anvertraut und Grabstellen zum Verkauf freigegeben werden. Bis dahin muß man dem Tod seine Miete zahlen.

Wir lesen noch im Verweilen den Grabspruch, der davon spricht, daß der, der hier ruht, «unter keinem Stern geboren» wurde, und schon im Weitergehen spüren wir den hier allgegenwärtigen Hauch der Verwesung und des Moders, der aus den Grüften steigt und sich auf den schmalen Wegen mit der aufsteigenden Feuchtigkeit vermischt, wo das Laub vergangener Jahre neben gestorbenen Blumen und Kränzen verfault. Unter unseren Schuhsohlen spüren wir die glitschige Feuchtigkeit, die unsere Schritte unsicher macht und die den Hügel des Père-Lachaise wie eine Aura des Todes umgibt.

Die in den Himmel ragenden Monumente, eins das andere übersteigend, konkurrieren miteinander in einem Wettstreit zwischen einstiger Pracht und gegenwärtigem Verfall: gepflegt, wie es in dem Bericht François Gilots heißt, der uns die Wohnungsnot der Totenstädte beschrieb, sind sie kaum noch.

Offenbar genügt es, seinen Platz in der vom Tod gedüngten Erde des Père-Lachaise erhalten zu haben, um als Name die Jahrhunderte, zumindest aber einige Jahrzehnte zu überdauern. Die Nachfahren, soweit vorhanden, widmen sich, so scheint es, dem Leben und überlassen die Grabkapellen mit ihren zum Gedenken auffordernden Betpulten den Katzen oder den kleinen Dieben.

Eine pittoreske Landschaft mit nach Nummern geordneten *Divisions* (Chopin und Goll teilen sich mit Cherubini, Bellini und Boieldieu die Division Nr. 11) hat sich an den Hängen des ehemaligen Gartens des Vaters Lachaise entwickelt, durch die man sich – will man nicht nur auf den

Hauptwegen flanieren — oft seinen Weg zwischen Gestrüpp bahnen muß. Diese Seitenwege werden offenbar von den meisten Besuchern gemieden, denn die Totenhäuser bieten nicht nur den Katzen Unterschlupf, sondern auch jenen Dieben, die sich auf die Damenhandtaschen gelegentlicher kleiner Überfälle spezialisiert haben.

Jetzt, wo der Friedhof kaum besucht wird und sich nur selten ein Liebespaar hierher verirrt, geht man nicht bedenkenlos durch diese hermetische Landschaft.

An die Katzen, Tiere einer schönen, angoraähnlichen verwilderten Rasse, gewöhnt man sich schnell: ein Aufleuchten der bernsteinfarbenen Augen, zwei spitze Ohren — ein rasches Drehen des geschmeidigen Leibes, und der Spuk ist wieder zwischen Laub und Gezweig verschwunden.

Dann aber, als wir, unseren Plan zu Rate ziehend, die Mauer der Föderierten suchen und uns entscheiden, einen Pfad zu benutzen, der sich an der östlichen Mauer des Friedhofs entlangzieht, immer schmaler werdend, linker Hand von einem Steilhang begleitet, fühlen wir uns von einer Gestalt beobachtet, die hin und wieder hinter einem der Monumente auftaucht. Wir ziehen es vor, unsere Erörterungen über die Dichte der Besiedelung des Hanges mit Grabdenkmälern zu vertagen, und beschleunigen unsere Schritte, bis wir jenen weiten und offenen Platz erreicht haben, wo sich vor uns die graue Mauer erhebt, an der die letzten Kommunarden ihr Blut vergossen.

Diese Mauer, den *Mur des Fédérés*, verzeichnet der Plan des *Cimetière du Père-Lachaise* mit kaum zu lesender Schrift in winzigen Buchstaben. Auch Paris, das am Arc de Triomphe selbst noch mit den verlorenen Schlachten Napoleons prahlt, hat sein schlechtes Gewissen: Die graue Mauer war nicht nur die letzte Brustwehr der Kommunarden gegen die anrückenden Truppen der Versailler Regierung, sondern direkt unter ihr wurden auch die *ungeheuren Gruben* (Lissagaray) ausgehoben, die nicht nur die toten Verteidiger des Père-Lachaise aufnahmen, sondern auch die Leichen der Füsilierten, Frauen und Kinder inbegriffen.

Sollte man sich einmal fragen, warum man, käme man nach Paris, den Père-Lachaise besuchen würde: hier weiß man es plötzlich. Es ist nicht zuerst die illustre Gesellschaft der Toten gewesen, die dieser Friedhof versammelt hat, sondern dieses Gräberfeld hier mit dieser unpathetischen Mauer, an die Kränze gelehnt und in deren Fugen mit Nadeln und Nägeln Zettel und Fotos befestigt sind: Che Guevara, Ho chi Minh, Tschou En-lai ...

Es fällt schwer oder leicht, diese Zeichen zu deuten und die Texte zu entziffern, die auf den Zetteln zu lesen sind. Es steht jedem Besucher des Friedhofs frei, hier seinen Gruß und seine Meinung zu hinterlassen.

Dieses leicht ansteigende, von der Mauer begrenzte Stück Erde — drüben stehen die Grabsteine von Couturier, Barbusse, Thorez und Duclos — ist jenseits aller politischen Testamente selbst ein Testament.

Landnahme jener, deren Niederlage nicht in einen Sieg umgemünzt werden kann, deren Geist aber fortgezeugt hat, was heute und hier uns bewegt: die Vermenschlichung dieses Planeten, die über die Massengräber Leningrads, Buchenwalds, Dresdens führt.

Hier vereinen sich in einem unendlichen Zug jene, die im Widerstand starben, mit denen, die hingemordet wurden. Sinngebung des Todes in einer Gegenwart, in der das Leben mitunter sinnentleert abläuft, Rückbesinnung auf Werte, um die gekämpft wurde: nicht um des Wohlstandes elende Requisiten, sondern um jenen Fortschritt, der einmal Wahrheit gewesen ist. Brot und, wenn möglich, das sonntägliche Huhn im Topf, königliche Forderung, und das Mehr an Bildung, das dem Leben dient, und die Macht in den Händen derer, die sie erkämpften.

Hölderlin, Keats, Byron, Shelley, Puschkin, Mickiewicz: Sie leben im Geist der Kommune ebenso wie Heine und Baudelaire. Es ist wohl kein

Ort in Europa besser geeignet als dieses Feld an der Mauer, die Gegenwart aus der Vergangenheit zu begreifen. Und alles, was in Paris, diesem Hexenkessel der Widersprüche, nicht im Müllcontainer der Geschichte gelandet ist, bezeugt, wenn man die Stadt von hier überblickt, daß die Menschheit unteilbar geworden ist.

Und ebenso, wie das Testament der Kommunarden das ihrer Niederlage ist, sollte man sich an die mahnenden Zeilen Lissagarays erinnern: *Wer dem Volk falsche Revolutionslegenden erzählt und es – ob vorsätzlich oder aus Unwissenheit – durch Geschichtsdithyramben täuscht, ist ebenso strafbar, wie der Geograph, der falsche Karten für den Seefahrer entwirft.*

Nein, von hier aus gesehen wirkt der Père-Lachaise weder galant noch heiter, wie ihn Lamartine sah, und Paris ist hier in einem translatorischen Sinne nicht tot. Des Friedhofs eigene Geschichte, die buchstäblich zu Stein gewordene Tatsächlichkeit des Lebens, das Ausweichen des Todes vor die Tore der Stadt – erst gegen Ende des 18. Jahrhunderts begann man, die Friedhöfe von den Kirchen der Stadt, zu denen sie gehörten, in die Vorstädte zu verlegen – das alles ist hier zu einer Landschaft vereint, die sich anschickt, mit der Natur zu verschmelzen.

Aber die Betrachtung des Père-Lachaise als Kulturlandschaft, als bloßes Objekt unserer Interessen, will uns auf dem Rückweg von der Mauer der Föderierten nicht mehr gelingen.

Die fotogene Nostalgie, die kulturelle Aura – all das will nicht mehr in unser Bewußtsein. Bleiben wird das Bild eines Gefallenen der Julirevolution: lebensgroß hingestreckt, getroffen von den Kugeln seiner Gegner; die Halsbinde geöffnet, das Gesicht gelöst, so, als habe er im Bewußtsein, daß sein Sterben nicht sinnlos gewesen sei, seine letzten Atemzüge genossen.

Noch einmal erlauben die Bäume am Grabmal von Abélard und Héloïse durch ihre kahlen Kronen einen Blick auf die Stadt; die Nadel der Apsis von Notre-Dame ragt aus dem Dunst, irgendwo ahnt man den Eiffelturm: Millionen haben das so gesehen, und es lohnt sich kaum noch, davon zu reden.

Eine Müdigkeit, die uns auf dem lauten Boulevard de Ménilmontant erreicht, führt uns wieder die Rue de la Roquette hinab in ein kleines Restaurant an der Place Léon Blum. Die gezählten Stunden und Tage, die wir in dieser Stadt verbringen, werden noch einmal von einem Café noir gewürzt, dessen Bitterkeit unsere Sinne erfrischt. Wir verlieren uns wieder in der Menge der Namenlosen, als wir an der Place de la Bastille in einen Bus steigen, der uns zurückbringen wird in das kleine Hotel, dem Abend entgegen, der schon die schmalen Nebenstraßen verdunkelt und die Silhouetten der Dächer aufsteigen läßt vor einem Hintergrund silbergrauen Lichts.

L'EXECUTION DE ZUCKERMANN

Ein Lichtbild,
Dem Dunkel eines Archivs entrissen
Oder aus einem Pappkarton
Hervorgekramt:

Die Hinrichtung Zuckermanns.
Historisches Zeugnis,
Das keine Lehren erteilt: Wer
War denn Zuckermann?

Regenglänzende Dächer, be-
Lagert von Zeugen, den Blick gebannt
Auf ein Instrument,
Genannt Guillotine.

Die aus dem Café Simon
Tretenden Offiziere:
Kaum zu erkennen, fast nur ein Schatten
Der Delinquent.

Neben der Bahre
Die gähnende Kiste, bereit,
Aufzunehmen
Den kopflosen Leib.

Wir wissen nichts
Von einem Zwischenfall
Auf den letzten Metern
Vom Café bis zum Gerüst.

Übermittelt
Auf einem Foto
Schlechter Qualität
Wurde uns nur
Dieser Bruchteil einer Sekunde.

Und die Erinnerung,
Die uns auf unseren Reisen
Begleitet: das Bild
Einer Kleinstadt in den Vogesen,
Wo es
Oft regnet.

Der Montmartre,

X

Von Paris nach Montmartre ist es nicht weit.

Wir haben an der Place du Panthéon eins der Gefährte bestiegen, die sich Omnibus nennen und die, Antipoden der unterirdischen Metro, mit ihren Linien die Stadt mäandrisch durchqueren.

An einer Nickelstange uns festhaltend und ausgeliefert den Kräften, die den Körper beim Anfahren oder beim plötzlichen Bremsen fast willenlos hin und her werfen, werden wir noch einmal, fast wie auf einer Sightseeing-Tour, durch die Stadt gefahren.

Was dem Einwohner Ärger bereitet — langsames Tempo, häufige Staus —, verschafft uns trotz allem Genuß; noch einmal sieht man schon Gesehenes: den Louvre, das Palais Royal, die Oper, die Madeleine, eine katholische Kirche als griechischer Tempel kostümiert.

Enge, geschäftige Straßen, die sich zu Plätzen erweitern, Quais und Brücken: Wer, wenn er hier nicht geboren wurde oder Jahre seines Lebens in dieser Stadt verbracht hat, hätte für alles Namen und Begriffe?

Autos vor uns, neben uns, hinter uns, entgegenkommend oder die Straße vor uns kreuzend — erschreckendes, erstickendes Chaos, ein Strom, der sich zu etwas Zähem verdichtet, um schließlich stehenzubleiben, dann aber wieder in Bewegung gerät — man weiß nicht, wieso.

Der Fahrer vorne im Cockpit wartet gelassen, die Arme über dem Lenkrad. Voilà — es geht weiter: Der Motor heult auf, die Kupplung schleift, und unsere Nerven genießen den Vorteil, hier nicht den eigenen Wagen steuern zu müssen.

Dabei, erzählt uns Freund Lance, soll das alles jetzt im Januar fast ein

Kinderspiel sein. Erst im Sommer, wenn die Touristen mit ihren Automobilen über die Stadt herfallen, wird es kritisch.

Doch einen Parkplatz ausfindig zu machen verlangt zu jeder Jahreszeit den Instinkt eines Zobeljägers. Sogar würdige Professoren sieht man an der Sorbonne mit ihrem Moped vorfahren, weil sich ein solches Gefährt noch immer irgendwo abstellen läßt.

Allerdings werden diese Motocyclettes in einer Art von Freizügigkeits-Leihverkehr sehr oft entwendet. Sichert man es nicht mit einer Kette und einem entsprechenden Schloß, von denen man wahre Prachtexemplare zu sehen bekommt, ist es unter Umständen im Handumdrehen verschwunden, so daß man in den Gendarmeriestationen nachfragen muß, wo man es in der Regel auch wiederfindet, denn der Entleiher läßt es meistens herrenlos stehen.

Zweiradfahren ist jedenfalls einleuchtend hier. Doch mit dem Auto geht's auch. Und wer in den Abendstunden an der Place de l'Etoile steht, bekommt ein Schauspiel zu sehen, das die strengen Regeln unserer Polizeidramaturgie nicht kennt.

Zehnspurig kreist der Verkehr um den Triumphbogen, unwahrscheinlich, daß einer der Wagen, die in der Innenspur fahren, je dieses Blechkarussell verlassen kann. Rätselhaft immer wieder, daß es meistens gelingt: Man blinkt und schert aus, der Strom kommt für ein paar Sekunden zum Stocken, und an wartenden Kühlern vorbei, gewaltlos und respektiert, gelangt der Fahrer auf die Champs-Elysées oder in die Avenue de la Grande Armée – wahrer Triumph motorisierter Fairneß, nur selten von einem Krachen und Klirren begleitet.

Aber Blechschäden nimmt wohl niemand ganz ernst, Ersatzteilfragen regelt der Service, das Auto, so scheint uns, ist hier noch nicht Hausvaters Heiligtum Nummer eins.

Ausdruck einer anderen Art Unbekümmertseins, von der wir wenig wissen, weshalb sie uns um so mehr auffällt, sind auch die kleinen und größeren Märkte, die — so auf der Rue l'Arbarete vor dem Haus unserer Freunde — bis in den späten Abend Obst und Gemüse feilbieten.

Das in die Stadt gekommene Land: quellende Stände mit Kressen; sirrende Benzinlampen beleuchten mit weißem Licht Knoblauch, Petersilie, Kartoffeln; Krebse in Aquarien, Forellen und Karpfen warten in ihren Becken, deren sprudelnde Sauerstoffontänen silberne Perlen aufsteigen lassen — Signale aus Undines Reich.

Dicht daneben ein Stand mit Möbeln, die trotz des unsicheren Wetters auf dem Gehsteig stehen. Omas dackelbeinige Kommode, der Tisch, den wir vor Jahren geerbt haben, Stühle des gleichen neobarocken Jahrzehnts, alles aus ungebeiztem, billigem Holz gefertigt — der Käufer kann sich das Mobiliar mit Lack oder Farbe nach seinen Wünschen veredeln. Und dort auch der Arbeitstisch, von dem ich immer schon träumte; die Holzplatte dick und verstellbar, die Beine wie Säulen.

Doch das war gestern, Erinnerung also schon jetzt im Bus 54, wie auch die Wohnung von Alain Lance, des Germanisten, der uns empfahl, *doch* nach Montmartre zu fahren. Die Bücherregale im Wohnzimmer nicht zu vergessen, gefüllt mit Lyrik von Fürnberg bis Fühmann, von Kirsten bis Kunert; und natürlich mit allem, was von Braun erschienen ist, den Lance übersetzt hat und von dem er sprach, als käme er jeden Moment durch die Tür ins Zimmer. Von unten, durch die geöffneten Fenster, die Stimmen der Rue l'Arbarete. Amélia, die Tochter, vor wenigen Wochen geboren, war zu bewundern. Alains deutsche Frau brühte Kaffee, die Katze strich um unsere Beine, die Schwiegermutter war aus Bad Hersfeld gekommen, der Kinder Kind zu besehen. Und schließlich: Heine liegt auf Montmartre begraben, nachdrückliche Empfehlung, dorthin zu fahren, wohin wir jetzt unterwegs sind.

Als der Bus schließlich auf der Place Blanche hält, stehen wir im nackten, sonnenlosen Licht des Vormittags vor einem zerklüfteten Panorama von Fassaden und Giebeln. Über der Glasfront eines Kinos, dessen

mit Erinnerungen an Modigliani,

Reklamen den *Sieg von Entebbe* verkünden, erhebt sich die Kulisse der berühmten roten Mühle, touristischer Treffpunkt ungezählter Millionen, nächtlicher Turnierplatz sexhungriger Don Quichottes.

In der Leere dieses Vormittags wirkt der Platz wie jenes Lokal, das Atget vor siebzig Jahren hier in dieser Gegend fotografiert hat: bleich im Licht des Morgens, schäbig und hintergründig.

Man braucht keinen Stadtplan aus der Tasche zu ziehen, um sich zurechtzufinden: Wie hinter einem Doppelpunkt der Satz, so befindet sich oberhalb der Place Blanche, ein paar hundert Meter den Boulevard de Clichy hinauf, auch die Place Pigalle, von der man auf eine schmale Rue de Steinkerque gelangt, wo man alsbald — begleitet von lautstarken marokkanischen Händlern, die bunte Shawls und Lederartikel ausrufen — die Kuppel von Sacré-Cœur erblickt, gebaut als Monument des Sieges der Bourgeoisie über die Kommune, deren Funken sich in diesem Stadtteil entzündete. Man geht auf den alten Pflastersteinen, die hier noch nicht von jenem Asphalt überdeckt sind, der Paris in Regennächten zu einem glitzernden Wasserstraßennetz macht, und gibt sich Rechenschaft über die Gegenwart, die hier für den Touristen konservierte Vergangenheit ist.

Der pittoreske Reiz dieses Viertels macht es uns leicht, den Skeptizismus und die Abstinenz zu überwinden, die wir, vorsätzlich und trotz der Ermunterung von Alain Lance, hierher mitgebracht haben.

Keine Reisegruppen, die im Sommer die Gassen und Plätze überschwemmen, verstellen uns den Blick auf die Treppen, die sich über die steilen Hänge den *Butte* hinaufschwingen.

Von Stufe zu Stufe, von Podest zu Podest, begleitet vom Scheppern der Drahtseilbahn, die sich unmittelbar neben der Treppe den Hang hinaufquält und es dem Touristen erleichtert, einen Blick von der Terrasse unterhalb Sacré-Cœurs auf Paris zu werfen. Dann gelangt man dorthin, wo es schwer wird, Wahrheit und Lüge des Montmartre voneinander zu trennen.

Leinwänden,

Wir kennen Stadtlandschaften, die verletzlicher anmuten als diese. Wir wissen wenig von dem, was die Zeit hier verändert hat.

Plötzliche Durchblicke öffnen sich uns, die man von den Bildern Utrillos zu kennen glaubt, aber sie haben nichts von dem unerbittlichen Widerstand gegen jede Veränderung an sich wie die Gassen, durch die man in Quedlinburg auf die Stiftskirche oder auf Klopstocks Geburtshaus blickt.

Der Geist der Erbauer von Sacré-Cœur, der eher als Ungeist zu bezeichnen ist, stiftete freilich ein Bauwerk, das bei aller Scheußlichkeit den *Butte* uneinnehmbar beherrscht.

Aber dieses Bauwerk ist vergleichsweise jung: gerade hundert Jahre alt, und man hat es anläßlich seiner Jahrhundertfeier renoviert.

Und wird man sich angesichts des altehrwürdigen Turms Saint-Jacques oder der Nadel von Notre-Dame der relativen Jugendlichkeit dieses Bauwerks bewußt, verändert sich fast automatisch die Perspektive, aus der man Montmartre sieht.

Daß alles, was man hier zu sehen bekommt, den Eindruck hinterläßt, als wäre es Kulisse, spürt man deutlich beim Anblick der die Place du Tertre umgebenden scheinbar baufälligen Häuschen.

Aber gerade diese Baufälligkeit ist, wie so vieles in dieser Gegend, nur eine Täuschung. Vielfältig wird hier gebaut und gezimmert, ganze Straßenzüge stellen sich als ein Versuch dar, die äußere Haut der Gebäude so zu erhalten, als wäre die Zeit stehengeblieben.

Doch hinter den alten Fassaden entstehen Appartements, teuer und komfortabel, mit allem Luxus, den die moderne Bauindustrie zu bieten hat.

Kein Platz dieser Stadt ist wohl so sehr darauf bedacht wie das kleine Geviert der Place du Tertre, sein Image zu bewahren, mit seinen winzigen Hotels und Restaurants, den dürftigen Robinien, den alten Gaslaternen

BABETTE
EN CETTE NUIT DE SEPTEMB
JE LAISSE CE MESSAGE
POUR QUE TU SACHES
QUE JE T'AIME
ET T'ATTENDRAI
BAISER
LA POÉSIE

und den malenden Dilettanten, die hier, selbst an diesem feuchtkalten Januartag, ihre für den Tourismus gefertigten Stadtlandschaften ausstellen.

Kaum vorstellbar, hier wäre ein künftiger Modigliani oder Rousseau zu entdecken, obwohl viele der Bilder den Erwartungen der Käufer nach dem Abklatsch eines Modigliani, Rousseau oder Utrillo entsprechen.

Daß unter den jungen, bärtigen Männern und den langhaarigen Mädchen, die diesen Bildern vor den Augen der vorbeiflanierenden Welt ihre letzten Pinselstriche hinzufügen, auch solche sein mögen, die nur hier so und nicht anders malen, weil diese Bilder eine Ware sind, soll nicht bestritten werden.

Alles in allem: Dieser Platz ist nicht der der Revolte, sondern ein Stück konservierter und konservierender Öffentlichkeit – Poesie für die Kamera und das Auge des Touristen, der auch wir unseren Tribut freiwillig zahlen ...

Wer wundert sich angesichts dieser Dekoration, daß wir allmählich doch wieder mißtrauisch werden gegenüber den Angeboten einer Poesie, die ununterbrochen auszurufen scheint: Hier bin ich! An allen Ecken und Enden sich darbietend, verweist sie auf sich selbst. Die Inschriften an den Häuserwänden, die uns die berühmte Treppe hinauf begleiten, sind mit dauerhaftem Autolackspray auf die Mauern geschrieben:

Genügte es einem nächtlichen Treppenbesteiger, gleich einem Faustschlag sein *Der Kampf geht weiter RAF* (in Deutsch, versteht sich, wenn auch mit romanischen Buchstaben) zu hinterlassen, so hat sich ein anderer erfolgreich bemüht, der Forderung nach Poesie, die einen gewissen Tennier inspirierte, gerechter zu werden: *Babette*, lesen wir da, *in dieser Septembernacht hinterlasse ich Dir diese Nachricht, damit Du weißt, daß ich Dich liebe und auf Dich warten werde.*

Diese Botschaft, schlicht und einfach mit *Baisers* – Küsse – besiegelt, vollbringt, was sie soll: Sie rührt unser Herz und läßt uns hoffen, daß Babette Tenniers Botschaft ebenfalls vernahm.

und der Place Blanche.

CYRANO
CHAMPAGNE MASSE
RESTAURANT
PORTER 39
TABAC
Slavia
EXTRA DRY
Slavia
CAFÉ TABAC
LE CYRANO
GALERIES St CHARLES

Doch wie so oft, will sich auch in diesen Wein der Zärtlichkeit ein Wermutstropfen mischen, ein Wermutstropfen des Skeptizismus, unseres Skeptizismus, wie wir zugeben müssen.

Letztlich ist alles, was sich uns hier darbietet, so perfekt für das Auge gemacht, daß es Enttäuschungen auszuschließen scheint. Eine ganze Ästhetik des Stadtbildes, das wir trotz innerer Widerstände genießen, ließe sich entwerfen.

Hermetisch, als wäre der ganze Montmartre in einem geschlossenen Raum von der Hand eines vorzüglichen Szenenbildners entworfen und erbaut, schließt sich Hausfront an Hausfront, Durchblick an Durchblick, Straße an Straße.

Glasveranden vor *Chez Piacenca*, einem Lokal, in dem Modigliani verkehrte, der Blick auf die letzte der alten Mühlen, *Moulin de la Galette*, die sich mit gestutzten Flügeln und in gepflegter Baufälligkeit hier seit jener Zeit behauptet, als an den Hängen des Montmartre noch Weintrauben reiften.

Efeubewachsene Mauern leiten den Blick eine Gasse hinunter, an deren Ende ein Haus steht, das alle Vorstellungen davon, *wie* hier ein Haus zu sein hat, vollkommen befriedigt: schmal, fünfgeschossig, die Jalousien schräg und zerfallen in den Fenstern, das Ganze beherrscht von jenem gelblichen Weiß des Utrillo, dahinter im dunstgrauen Taglicht: die Stadt, zwischen den Häusern die Seine.

So viel Echtheit und Dekoration: bis ins Großartige gesteigert und fast wie ein Traum, der schon der Wahrheit sehr nahe kommt und hier nun Wirklichkeit wird. — Wir flüchten wieder vor so viel ungeklärter Realität. Das Bild — sei es nun Traum oder Wirklichkeit — wartet tief im Schacht unserer Erinnerungen, wo es seine Auferstehung erlebt, die hier erfolgt …

Blättern wir gelegentlich dieser Auferstehung in einem Band mit den

Fotografien, die uns Eugène Atget, der berühmte Pariser Lichtbildner, von diesem Quartier aus der Zeit um die Jahrhundertwende hinterließ, begreifen wir sehr schnell: Hinter der Patina, die sich auf seine Ansichten gelegt hat, zeigt sich die Wahrheit, die jenseits von dem, was wir Dekoration nannten, noch immer existiert.

Dem scheinbar unaufhaltsamen Verfall, den eines seiner Fotos von der Rue du Mont-Cenis denunziert — slumhafte Müllberge vor bröckelndem Putz und verfallenen Dächern —, ist Einhalt geboten worden: Der Montmartre gibt heute nur so viel Verkommenheit preis, wie die Touristen erwarten; die *Originale*, wie der *Lampenverkäufer* oder die *Prostituierten*, die sich vor ihrem *Cabaret* gegenüber dem Objektiv Atgets postierten, sind aus dem Stadtbild verschwunden.

Der Krieg, der so viele europäische Metropolen entstellte, hat diese Stadt geschont. So gibt es bis zu den Einzelheiten der Fotos von damals heute noch immer Übereinstimmendes: die kümmerlichen Robinien, die die Place du Tertre säumen, die buckligen Pflastersteine, aus denen die Kommune ihre Barrikaden errichtete, die alten Gaslaternen, die in den Nebenstraßen noch die Zeit überdauern.

Was Atget unter dem Titel *Alte Häuser, alte Straßen, pittoreske Ansichten* subsumierte, ist aufgefrischt und — wenn man eine Steigerung dieses Wortes zuläßt —, in einem seltsamen Widerspruch zu sich selbst, noch *pittoresker* geworden.

Unauffälliger und eleganter als auf Atgets Fotos sind auch die Mädchen, die hier das angeblich älteste Gewerbe der Welt betreiben, an den Ecken stehend, in offenem Pelzmantel, das Röckchen darunter, allen Moden zum Trotz das Handtäschchen — gleichsam als Ausweis ihres Gewerbes — noch immer am Arm.

Von der unverhüllten Eindeutigkeit des *Hauses Nr. 5*, eines Bordells, das ebenfalls von Atget auf die Platte gebannt worden ist, findet sich nichts.

Ein Motiv Atgets: Passage des Patriarches.

Vielleicht wüßten Kenner den Weg zu einem Etablissement im romantischen Stil dieses Hauses — wir jedoch, auf der Durchreise, begnügen uns.

In den Rinnsteinen der Rue Caulaincourt fließen wie vor fast hundert Jahren noch immer Abwässer. Unserer Großväter Lasterhöhlen — man hat sie — sollte es sie doch noch geben — möglicherweise irgendwohin verbannt.

Auf einem Spaziergang über den Montmartre wird man eine Maison publique à la Atget jedenfalls vergeblich suchen. Das rote Licht über der Tür ist erloschen, die undurchschaubaren Bleiglasscheiben sind großflächigen Verbundfenstern gewichen.

Opferstock für die Armen von Paris

XI

Unten, wo die Rue Caulaincourt auf die Rue de Maistre stößt, riecht es nach Gummi und Benzin. Eine Baustelle lärmt. Autos ziehen vorbei, nervöse, aufgeschreckte Insekten, blickt man von der Höhe der Terrasse vor Sacré-Cœur auf sie herab.

Sie rollen über den Asphaltrücken einer Brücke, die als Ergebnis einer rast- und ratlosen Stadtplanung einen Teil des Friedhofs Montmartre überspannt. Fast an der Straße stehen die hangwärts strebenden Gruftkapellen, wie wir sie schon vom Père-Lachaise her kennen, hier in der Gestalt von Totenhäuschen im Stil eines nazarenischen Auferstehungsglaubens, dauerhafter als alles Fleisch, das, längst schon zu Staub und Moder geworden, die unterirdischen Kammern füllt.

Sarg auf Sarg — wir werden es mit einem Blick in eine der geöffneten Grüfte sehen — wird hier Generation auf Generation aufeinandergeschichtet, familienweise, Greis zu Greisin, Mann zu Mann, Weib zu Weib, Kind zu Kind. Die bis zum Tag der Auferstehung verheißene Ruhe jedoch — wer hier, umspült vom Lärm der Baumaschinen und der sich nähernden Schritte der Millionen, beigesetzt wird, wird sie kaum finden.

Auch der Friedhof Montmartre ist ein Ergebnis jener Epoche, die die Toten aus der Innenstadt von Paris verbannt hat: 1830 wurde der Friedhof in seinem heutigen Umfang angelegt, als eine Nekropolis, einer der drei großen Totenäcker von Paris neben dem Père-Lachaise und dem Cimetière Montparnasse.

Was man sich unter der letzten Ruhestätte Heinrich Heines auch immer vorgestellt haben mag: es war etwas anderes als das, was man nun zu sehen bekommen wird.

Die bärtigen Herren mit Zylinder oder Hörnerschlittenhut, Mitglieder eines deutschen Männergesangvereins, die auf einem Foto von 1901 am Grab Heines die *Loreley* singen, ahnten noch nicht, daß eines Tages der Dichter, dem sie ihre Reverenz erwiesen, in Deutschland auf dem Index stehen würde und daß jener Text, den sie da sangen, in den Liederbüchern des sogenannten Dritten Reiches als Verfasser einen Anonymus aufwies.

Deutsches Liedgut sind diese Verse jedenfalls geblieben, und auch die Weise, von einem Komponisten, der, wie der Dichter, ebenfalls der verhaßten jüdischen Rasse angehörte, ließ sich nicht mehr aus dem seelischen Fundus der Deutschen verbannen.

Kein Männergesangverein ist unterwegs mit Kränzen und Schleifen, mit Veilchensträußen und Regenschirmen, nur wir.

Am Eingang zum Cimetière Montmartre entbietet uns einer der alle Friedhöfe von Paris bewachenden Offiziere, die die Armee der Toten kommandieren, in seiner schwarzen, mit silbernen Litzen versehenen Uniform seinen Gruß:

«Bonjour!» Und, auf meine Kamera deutend: «Je vous prie de ne pas faire des fotos!» — «Bitte fotografieren Sie nicht!»

Wenn wir auch bis heute nicht herausgefunden haben, weshalb auf allen Pariser Friedhöfen das Fotografieren untersagt ist, wir werden dieses freundliche Gebot — wenn auch nicht ohne ein kleines schlechtes Gewissen — kaum einhalten.

Das Verbot, hier zu fotografieren, ist es freilich nicht, was uns in dieser Landschaft der Monumente und Kränze und der hinter den Mauern aufragenden steilen Giebel der umliegenden Wohnkasernen bedrückt.

Schon gleich hinter dem Eingang, noch bevor uns der Mann der Friedhofsarmee entgegentrat, beschäftigte uns jener seltsame, aus Eisenguß verfertigte Opferstock für die Armen von Paris — *Tronc pour les pauvres de Paris.*

Galten die Münzen, die man in diesen Koloß warf, den Armen unter den Toten von Paris? Unterhielt man mit dem geopferten Geld deren Gräber? Oder steht er noch immer als Monument einer Epoche, in der man noch glaubte, mit Almosen den Armen helfen zu können?

Was noch Rilke im *Malte* beschrieb, jene Asyle und Hospitäler der Armut, jener *Armut*, die er selbst mit der mißverständlichen Arabeske verzierte, daß sie ein *großer Glanz aus Innen* sei, haben sich heute dem Auge der Öffentlichkeit weitgehend entzogen: Die Clochards sind *Randexistenzen*, und die moderne Industriegesellschaft Westeuropas kennt andere Formen des Elends als jene des Mangels an Suppe und Brot. Die überquellenden Müllcontainer, die nachts vor den Restaurants auf den Boulevards stehen, künden vom Überfluß einer Gesellschaft, die Millionen Tonnen wertvoller Nahrungsmittel alltäglich vernichtet.

Bedrückung, Depressionen, Ängste — wer verstünde sie nicht? Daß die Literatur Westeuropas ihrer Gesellschaft den Spiegel vorhält, daß sie — wie Ingeborg Bachmann in einem nachgelassenen Manuskript — *Todesarten* zu beschreiben versucht, um den Blick der Allgemeinheit auf das innere Elend zu richten, das die Gegenwart stigmatisiert, auch daran erinnert man sich auf dieser schnurgeraden Allee, die vom Rondell der Hauptallee zum Grabe Heinrich Heines führt.

Auf dieser Allee werden wahrscheinlich auch jene Herren des Fotos von 1901 zum Grab des Dichters marschiert sein, möglicherweise unter der gleichen gläsernen Durchsichtigkeit des Himmels der Île de France, die das Licht von Paris nicht nur durch die Bilder der Impressionisten berühmt gemacht hat.

Auf knirschendem Kies, unter dem Geäst der zusammen mit den Totengelassen in Reih und Glied aufgestellten Alleebäume, geht es durch diese makabre Landschaft, die wie geschaffen scheint als Hintergrund eines Films, in dem sich, wie in Sartres *Das Spiel ist aus*, Menschen aus dem Jenseits begegnen.

Und kämen jetzt wirklich die bärtigen Herren mit ihren Zylindern und Hörnerschlittenhüten, ihren Regenschirmen und Notenblättern gemessenen Schrittes vom Grabe Heines zurück, uns entgegen — man hätte kaum einen Grund, sich zu wundern.

Aber tatsächlich beherrscht eine lähmende Leere die terrassenartige, sanft ansteigende, horizontale Landschaft. Nur zwei Automobile, symmetrisch links und rechts von der Mittelallee am Rondell geparkt, sich die Heckfront zuweisend, mit den Kühlerhauben in entgegengesetzte Richtungen schauend, ähnlich einem Liebespaar, das schmollt, stehen verschlossen und lautlos, so, als warteten sie auf ihre Eigentümer, die irgendwo durch eine der Türen der Grüfte ins Totenreich hinabgestiegen sind, um dort Zwiesprache mit der Vergangenheit zu halten, die hier oben zu Stein gewordene Gegenwart ist.

Kaum ein anderes Wort als Lukas 9,57 ist besser geeignet, sich von der Bedrückung abzustoßen, die uns hier erfaßt hat: *Laß die Toten ihre Toten begraben!*

Ach, es sind ihrer so viele, die hier mit Rang und Namen begraben sind und denen man ohne Plan und Auskunft, sozusagen am Wege, begegnet: Stendhals Obelisk mit der Porträt-Plakette und der Inschrift *A Henry Beyle (Stendhal)*, vis-à-vis düsteres marmornes Schwarz: Hector Berlioz, dessen Symphonie fantastique hier erklingen könnte, die Brüder Goncourt und Emile Zola — die Zahl der berühmten Toten ist groß.

Doch anders als der Cimetière Père-Lachaise ist der von Montmartre gleichsam ein demokratischer Friedhof: Hier finden wir kaum die aristokratische Exklusivität der Monumente, aber ein Gräberfeld anonymer *Pauvres* — und möglicherweise wurden die Münzen im Tronc doch, wie wir vermuteten, nicht für die Suppen der armen Lebenden, sondern für die Erhaltung der Gräber der armen Toten am Abend gezählt?

Der Emigrant Heinrich Heine wäre vielleicht einer der letzten gewesen, der einer Totenbeschwörung à la pompe funèbre zugestimmt hätte.

und ein Bewohner der Nekropolis:

Zu den Armen der Toten jedoch gehörte er nicht. Und doch: Als am 20. Februar 1856, an einem kalten, nebligen Wintermorgen, pünktlich 11 Uhr, sein Leichnam zu Grabe getragen wurde, hatten sich nur ganze neun Personen eingefunden, um dem aus seiner Matratzengruft erlösten Dichter das letzte Geleit zu geben.

Hatten sich so seine düsteren Ahnungen erfüllt, die ihn auf dem Sterbebett geplagt hatten und die seine Züge, wie sie uns die Totenmaske festhält, durch Schmerzen erhöhten?

Das bengalische Feuer der Poesie, das seine Gedichte erhellt hatte, war niedergebrannt. Und hatte er als Vorwegnahme seines Todes für die dicke Mathilde eine beinahe lustige *Gedächtnisfeier* gedichtet, die trotzdem die ganzen Schmerzen seiner unglückseligen Liebe enthielt, so schrieb er, kurz bevor er starb, düsterere Verse, frei von Melancholie, unversöhnlich, bitter:

Das ist der böse Thanatos,
Er kommt auf einem dunklen Roß;
Ich hör den Hufschlag, hör den Trab,
Der dunkle Reiter holt mich ab.

Man weiß, daß der dunkle Reiter, den er meinte, eine andere Mähre ritt als die, welche den Fiaker zog, in dem Mathilde zu fahren pflegte. Heitere Gelöstheit, ironisch gebrochenen Erlösungsglauben aber atmete die *Gedächtnisfeier*, in der sich der Dichter hoch über dem Montmartre thronend im Himmel oder auf dem olympischen Parnaß sah:

Keine Messe wird man singen,
Keinen Kadosch wird man sagen,
Nichts gesagt und nichts gesungen
Wird an meinen Sterbetagen.

Doch vielleicht an solchem Tage,
Wenn das Wetter schön und milde,
Geht spazieren auf Montmartre
Mit Paulinen Frau Mathilde.

Mit dem Kranz von Immortellen
Kommt sie mir das Grab zu schmücken,
Und sie seufzet: Pauvre homme!
Feuchte Wehmut in den Blicken.

Leider wohn ich viel zu hoch,
Und ich habe meiner Süßen
Keinen Stuhl hier anzubieten;
Ach! sie schwankt mit müden Füßen.

Süßes, dickes Kind, du darfst
Nicht zu Fuß nach Hause gehen;
An dem Barriere-Gitter
Siehst du die Fiaker stehen.

Kein anderes Gedicht als dieses hätte uns die Düsternis des Tags und Stunde, da wir dem Grabe Heines zustrebten, aufheitern können. Aber fielen uns diese Verse ein? Und dabei wären sie doch wie kaum andere Heines geeignet gewesen, hier gesprochen oder zumindest gedacht zu werden.

Denn daß der Cimetière de Montmartre mit seinen Alleen und verschwiegenen Pfaden an schöneren Tagen zum Spazieren einlädt — wir stellten es uns vor. Ob Mathilde freilich sehr oft das Grab ihres Henri aufsuchte, darf, nach Berichten von Zeitgenossen und Freunden Heines, bezweifelt werden.

Heines Grab war zudem in seiner ersten Gestalt bis 1900 nur ein schlichtes umgittertes Rechteck, an dessen Kopfende ein gotischer Grabstein mit dem Namen des Dichters stand.

Die Büste, die heute auf der Marmorstele steht — mit Leier, Rosenkranz und Schmetterling symbolisch geschmückt —, verdankt die Welt dem dänischen Bildhauer Hasselriis. Sie ist Heines Totenmaske in klassizistischer Veredelung (sprich: Glättung) nachgebildet.

Wir kannten Herrn Hasselriis bisher nicht, und man braucht ihn auch nicht zu kennen. Doch immerhin: Es ist das Grab Heinrich Heines, vor dem wir stehen, und so sei Herrn Hasselriis verziehen, denn vielleicht waren wir dem Dichter nie näher als in jenen Minuten, da wir sein letztes Exil besuchten.

Kein Kranz und keine Blume zu Füßen des Sockels, nur ein wenig körniger Schnee, der am Morgen gefallen war, und glücklicherweise auch nicht einer jener überzuckerten Weihnachtsbäume, die ringsherum an anderen Grabstellen als Gruß der noch Lebenden an die schon Toten figurieren.

Auch wir sind ohne Veilchen und Kranz erschienen, und natürlich fallen uns doch einige Verse ein, die man für sich behält, denn Gefühle zu zeigen ist ja dem Deutschen (der in ständiger Angst vor dem falschen Pathos lebt) nicht gestattet.

Heinrich, wüßten Sie nur, daß nicht die Bürger Düsseldorfs oder Berlins, die doch allen Grund gehabt hätten, Ihnen eine würdige Grabstätte zu schaffen, Ihnen dies Denkmal hier gesetzt haben, sondern, wie eine Inschrift verrät, *die freisinnigen Bürger der Stadt Wien*!

Man denkt unwillkürlich an Karl Kraus' Essay *Heine und die Folgen* und fühlt Unvereinbares auf sich zukommen: Heine, der Düsseldorfer und zeitweilige Wahlberliner, hier in Paris unter einer Marmorplatte, von Wiener Bürgern gestiftet, und ein Wiener Bürger, jener Karl Kraus, der diesen Heine unversöhnlich kritisierte ... —

Da wir, jedenfalls im Augenblick, das Unvereinbare nicht vereinen können, gehen wir um Heines Grab herum und entziffern die von Wiener Bürgern ausgewählten und von Herrn Hasselriis in den Marmor gemeißelten Verse:

WO WIRD EINST DES WANDERMÜDEN
LETZTE RUHESTÄTTE SEIN,
UNTER PALMEN IN DEM SÜDEN,
UNTER LINDEN AN DEM RHEIN?

Ach, ist man versucht zu sagen, wie gut und wie trefflich gewählt: Wandermüde waren Sie gewiß. Und wenn Sie auch nicht unter Palmen im Süden Ihre letzte Ruhestätte gefunden haben, so doch immerhin dort, wo der Himmel ein wenig heiterer ist als über den düsteren deutschen Eichen, die Caspar David Friedrich gemalt hat wie auch Ferdinand von Rayski Ihre aus Rußland zurückkehrenden schneeumwölkten Grenadiere: *Mein Kaiser, mein Kaiser gefangen!*

Friedhof Montmartre.

Wer hörte da nicht die Musik Robert Schumanns mit dem Zitat der Marseillaise? Und wem fielen da nicht andere Verse ein, die auch auf der Grabplatte zu lesen sein könnten, Verse, die uns noch zutreffender und eindringlicher sagen könnten, was Sie im Exil, das Sie trotz allem liebten, empfanden, wenn Sie an Deutschland — und nicht nur in der Nacht — dachten?

Ich hatte einst ein schönes Vaterland.
Der Eichenbaum
Wuchs dort so hoch, die Veilchen nickten sanft.
Es war ein Traum.

Und vielleicht war es sogar die Abneigung gegen einen anderen deutschen Emigranten, den heute bei uns so selten gelesenen Ludwig Börne, die Sie bewog, hier in der Einsamkeit, wo kein anderer Deutscher die Erde mit Ihnen teilt, und nicht auf dem Père-Lachaise, Ihr letztes Exil zu suchen?

Ihre modernen Kollegen jedoch, die hundert Jahre nach Ihnen in dieser Stadt im Exil leben mußten — Joseph Roth, Ernst Weiß, Anna Seghers und viele andere mehr —, sie haben wahrscheinlich ebenfalls einmal wie wir hier gestanden, vielleicht sogar im Mai, als die Nachtigall, die hier *Rossignol* heißt, in den Zweigen der Wildkirsche sang, die dicht neben Ihrem Grab steht.

Doch alle Insignien der Poesie und des Ruhmes — Lorbeerkranz, Leier, Nachtigall, die Veilchen und vielleicht auch das Schwert und die Flamme — und alle weiterführenden Gedanken, die wir an sie knüpfen, sind nur ein unzulänglicher Ausdruck für das, was uns hier betroffen macht.

Denn hat es je so etwas wie einen *Zeitgeist* gegeben, so ist er durch Sie über das Grab hinaus lebendig geblieben.

Hier an Ihrem Grab fällt uns wieder ein, daß die Menschen ja ihre Geschichte machen, aber sie machen sie, wie Ihr Freund und Verehrer Karl Heinrich Marx gesagt hat, nicht aus freien Stücken, sondern die Tradition aller toten Geschlechter lastet wie ein Alp auf den Gehirnen der Lebenden.

Nein, keine Wallfahrt wird hier beendet, und kein Heiliger ist hier verehrt worden, wenn wir uns abwenden von Ihrem Grab und zum Barrieregitter zurückkehren, wo kein Fiaker auf uns wartet, nachdem Tote und Lebende für ein paar Minuten Zwiesprache gehalten haben.

Die Pflastersteine der kleinen Passage, die vom Tor des Montmartrefriedhofs zur Place de Clichy führt, haben unzählige Füße blankgeschliffen. Wie viele davon mögen den Weg von Ihrem Grab dort gegangen sein, Monsieur Heine, Heinrich, Henri?

Wir gehen diesen Weg, der uns schließlich und endlich zurückbringen wird über zwei Grenzen, wir sprechen die gleiche Sprache, die Sie sprachen und in der Sie dichteten und die wir noch immer verstehen. Und bald werden wir wieder *Unter den Linden* gehen und an unseren Schuhsohlen die gleiche preußische Erde tragen, die Sie getragen haben, nur daß diese Erde etwas schwerer wiegt als die Erde der Île de France, die Sie bedeckt.

Und wir sehen noch einmal die schnurgerade Allee, die uns zu Ihnen geführt hat, und atmen den Geruch des verwesten Laubes unter den kahlen Zweigen der Bäume, und über alles legt sich wie ein dünner, kaum zu spürender Nebel das diffuse Geräusch der alles zermalmenden Stadt, und es ist, als spräche Ihre Stimme von weit her die Worte:

Das alles wird vorübergehen, ein neuer Frühling wird kommen, und damit ich ihn dann ganz genießen kann, ungestört, so mache ich jetzt die Frühlingslieder, die dazu gehören.

Ach, welch gehörige Poesie, Heinrich Heine, und welch versöhnliche Aussicht!

Aber Pardon, das wußten Sie, und das wissen auch wir, wird nicht gegeben. Und die Last der toten Geschlechter hat unsere Schritte — nicht nur hier — schwerer gemacht.

UND ES FIEL EIN WORT AUS STEIN

Voller Verzweiflungen bin ich. Das Meer
Will mich nicht loslassen, die Seele,
Dieses seltsame Ding, gleicht ihm: die Unermeßlichkeit
Ihrer Schmerzen läßt mich
Die Fäuste ballen: Mairegen, Mairegen, Gift,
Das die Liebe vergiftet: Was dieser Abend verbirgt,
Gleichet auch dir. In den Wohnungen
Dieser seltsamen Stadt
Sind die Lichter erloschen, Trauer,
Die mit den Liedern
Der wirklichen Nachtigallen
Aus den Parks dringt, hat mich geweckt
Auf einer Bank, wo ich schlief.
Alle Liebe vollendet sich in Gebärden,
Die ich, ein Dichter von gestern,
Nicht zu beschreiben vermag. Irgendwo dort,
Wo die sprachlosen Zeichen
In den trüben Kanälen
Aufgefischt werden von den Betrunkenen,
Die sich von den Toten
Nur unterscheiden, indem sie noch leben,
Ging ich und sah,
Daß die Welt von alters her
Nicht für den Menschen und für sein Glück
Zu eignen sich scheint.
Zum Gedenken der Armen
Der Großstadt Paris

Sah ich einen Stein, ein Brunnen daneben
Spendete Wasser. Ich aber,
Der Revolutionen und Priester gesehn,
Sehe den Mai, der mit der gleichen
Unerbittlichkeit wie seit zehntausend Jahren
Seine Rechnung begleicht, als wär alles,
Was sich verändert,
Von der gleichen Farbe der Unschuld,
Welche die Blüten des Birnbaums vorm Haus
Noch immer verkünden.

XII

oder die Einsamkeit des Lesers

Mir träumte, ich sei wieder im Luxembourg-Garten gewesen.

Die Platanen, die den Medici-Brunnen umstanden, trugen graue Kleider. In den überdachten Wandelgängen gleich neben dem Eingang am Boulevard Saint-Michel roch es nach Jugendstil und verwesenden Blumen.

Das kleine Karussell, dem gegenüber Herr Rilke auf einer Bank sich Notizen gemacht hatte, war mit Planen verhängt.

Ich hatte mich hier in der Nähe der Baumschule mit Herrn P. verabredet. Sicher wäre es günstiger gewesen, sich in einem der Cafés an der Ecke Boul'mich/Rue Soufflot zu treffen, aber Herr P. verabscheute Cafés, in denen es nach Zigarrenrauch roch, und saß, trotz der kühlen Jahreszeit, lieber in sein Plaid gehüllt auf einer der Bänke, wo er Frauen und Liebespaaren nachsehen konnte.

Ich, ein Bewunderer der Prosa von Herrn P., hatte, stellvertretend für einen kleinen Kreis seiner Leser, dieses Treffen erbeten.

Herr P. hatte zunächst gezögert, meiner Bitte zu entsprechen.

«Was», sagte er mir am Telefon, «soll dabei schon herauskommen?» Trotzdem war es mir gelungen, ihn zu diesem Treffen zu bewegen, nicht zuletzt wohl durch Vermittlung seiner Mutter, die sich Sorgen um ihn machte und meinte, ein Gespräch mit einem deutschen Leser könne ihrem Sohn, der wegen seiner Krankheit sehr isoliert lebte, nichts schaden.

Die Automobile auf dem Boulevard summten hinter dem mit vergoldeten Spitzen versehenen Gitter des Gartens vorbei. Ich sah auf die Uhr. Es bestand wohl kaum noch Hoffnung, daß Herr P. erscheinen würde.

Aber ich hatte Geduld, eine Tugend, die mir bisher unbekannt gewesen, die ich mir aber in dieser Stadt, in der das Leben einem anderen Rhythmus unterworfen war als in dem Land, aus dem ich kam, angeeignet hatte.

Im Strom der Passanten sah ich den schlendernden Spaziergängern nach, die, die Hände in den Taschen ihrer Beinkleider vergraben, anscheinend ziellos an mir vorüberzogen.

Meine Geduld, so sagte ich mir, kommt sicher von meinem Nichtwissen. Denn ich hatte gesehen, wie manche der Passanten in den Türen gewisser Häuser verschwanden und wie dann ein wenig später in einem Fenster der ersten, dritten oder fünften Etage das Licht aufflammte.

Und ich hatte die Liebespaare beobachtet, die ihre Spiele, ihre Flirts, ihre Zärtlichkeiten in aller Öffentlichkeit stattfinden ließen, nicht beachtet von den zahllosen Vorübergehenden und diese nicht beachtend.

In den überfüllten Bussen hatte ich den Duft der Parfüms eingeatmet und die Haut der Frauen gestreift. In der Metro sah ich auf der Fahrt von der Gare du Nord früh halb sieben die Schlafenden, die übermüdet von der Nachtarbeit heimkehrten.

Wohin, dachte ich, mögen sie fahren? Aber ich hatte, seltsamerweise, keine Angst oder Hoffnung, sie könnten eines Tages Rache nehmen für alle Ungleichheit, die sich in dieser Stadt schamlos zeigte.

Und die Toten auf den Friedhöfen, die unter Sandstein und Marmor begraben lagen, lebten in einer unbegreiflichen Unendlichkeit weiter, wie Fryderyk Chopin, der mich von seinem Medaillon herab selbstbewußt ansah, gewiß, daß seine Nocturnos, Impromptus und Mazurken weiterklingen würden, auch dann noch, wenn keine Note von ihnen mehr auf dem Papier existieren sollte.

Herr P. ließ indessen auf sich warten. Vieles von dem, was ich dachte, wäre mir wohl nie eingefallen, hätte ich dieses Rendezvous nicht vereinbart. Meine Gedanken, die so neu nicht waren, daß sie Herrn P. überrascht

Der Medici-Brunnen im Jardin du Luxembourg

hätten, gaben sich weiter die Hand. Denn es war ja nicht schwer, hier seinen Träumen nachzugehen und Unzeitgemäßes zu denken, auch wenn jetzt in dieser Stadt kaum noch etwas in der Gestalt existierte, in der es der Fotograf Atget auf seine Bromsilberplatten gebannt hatte, und die Hochhäuser ringsum wie Pilze aus der Erde schossen.

Die Zeiten hatten sich übrigens während meines Wartens auf eine seltsame Weise vermischt: Während die Damen und Herren um mich her in der Mode gingen, die vor dem ersten Weltkrieg hier getragen wurde, fuhren draußen auf dem Boulevard die modernsten Autos, die roten Kometenschweife ihrer Schlußleuchten hinter sich herziehend.

Und natürlich dachte ich, während ich dies bemerkte, auch an Herrn P., ja, ich versuchte, mich einzelner Gestalten und Situationen seiner Romane zu erinnern, war ich doch, ich sagte es schon, einer seiner Bewunderer, ein, wie ich plötzlich wußte, zu spät gekommener freilich, obwohl pünktlich am Ort unseres Treffens erschienen, aber eben zu spät gekommen in jenem Sinne, daß Herr P. auf Bewunderer eigentlich gar nicht mehr angewiesen war.

Die Zeit verging, und der Tag verlor sich in den ersten schwachen Andeutungen aufsteigenden Nebels über den Wiesen im Inneren des Gartens.

Draußen auf dem Boulevard flammten bereits die Bogenlampen auf, und vom Eingang des Gartens her ertönte die Glocke, die anzeigte, daß die Tore in einer halben Stunde geschlossen würden.

Ich zündete mir eine Zigarette an und beschloß zu gehen, um in einem kleinen Restaurant am Odéon zu Abend zu essen. Ich war mir, wie man so sagt, selbst überlassen. Ich hätte ein Lied pfeifen oder traurig sein können, hätte die Einsamkeit dieser Stunde unter der Haut spüren oder mich des Landes erinnern können, aus dem ich kam.

Aber nichts davon geschah. Vom Leben, das sich um diese Stunde in dieser Stadt so mächtig entfaltete, angezogen, wollte ich den Garten verlassen und durch das noch offene Gittertor auf die Straße gehen.

Plötzlich hörte ich hinter mir auf dem Kiesweg schnelle Schritte. «Sie haben etwas verloren, mein Herr», sprach eine Stimme, und einer der Parkwächter in seiner dunkelgrauen Uniform überreichte mir einen Brief, den er, wie er hinzufügte, neben der Bank, auf der ich gesessen, gefunden hatte.

Ich kam nicht dazu, zu entgegnen, daß ich weder einen Brief bei mir getragen noch einen erwartet hatte, denn der Bote entfernte sich schnell und verschwand hinter der hohen Hecke.

Ich stand einigermaßen ratlos, den Brief in meinen Händen haltend. Als ich ihn betrachtet hatte, entdeckte ich, daß auf dem Kuvert tatsächlich mein Name stand.

Sollte ich diesen Brief öffnen? Noch reichte das Licht des Abendhimmels aus, um die Buchstaben entziffern zu können, die, sollte es sich tatsächlich um eine Mitteilung handeln, das Papier bedecken würden.

Das fliederfarbene Kuvert noch immer in den Händen haltend, stand ich jetzt vor dem Gitter des Gartens. Der Brief roch nach jenem strengen und doch zärtlichen Parfüm, das hier beliebt war.

Ich steckte den Brief in die Manteltasche. Enthielt er eine Botschaft, eine Erklärung von Herrn P. über den Grund des Fernbleibens vom Ort unseres Rendezvous?

Das Rätsel wäre leicht zu lösen gewesen, aber ich zögerte entschieden, das Kuvert zu öffnen, so, als befürchtete ich, aus einem angenehmen Traum zu erwachen und in eine ungewisse Wirklichkeit zurückgebracht zu werden.

Ein Déjà-vu-Erlebnis, dachte ich schnell, Produkt übermüdeter Nervenbahnen, man kennt das ja: ein Wachtraum, wie er uns allen gelegentlich begegnet.

Wunderbarerweise empfand ich kein Erschrecken angesichts dieser

und die Kreuzung Rue Soufflot/Boulevard St.-Michel.

TAXIS
TAXIS
WIMPY
capoulade

ungewöhnlichen Situation. Es war wohl die Wirkung des Fremden, Unbekannten, die mich seit Tagen im Bann hielt und die in mir jene Gelassenheit erzeugte, die mir selber seltsam erschien, aber an die ich mich zu gewöhnen begann.

Und plötzlich wußte ich auch, daß es auf diesen Brief, der doch ein Zeichen für mich enthielt, gar nicht mehr ankam. Denn ich hatte an diesem Nachmittag, den ich auf der Bank im Luxembourg verbracht hatte, eine innere Grenze überschritten und mich im Nachdenken über die Abwesenheit von Herrn P. von mir selber gelöst.

Der Brief knisterte in meiner Manteltasche, ich konnte fühlen, wie das Papier unter dem Druck meiner Hand nachgab. Ich zerknüllte das Kuvert in der Tasche, zog die Hand, die das Knäuel umfaßte, heraus und warf es in einen der Abfallbehälter, die überall an den Laternenmasten angebracht sind. Jetzt, dachte ich, bin ich hier, wo ich wahrscheinlich nie wieder sein werde. Und ich war gewissenlos glücklich, Herrn P. nicht getroffen und den Brief, gleich welche Nachricht er enthalten haben mochte, nicht gelesen zu haben.

Wochen später, als ich in meiner Wohnung eines Morgens erwachte, fiel mir diese Begebenheit wieder ein. Aber ich wußte nicht, ob ich sie wirklich erlebt oder geträumt hatte.

Denn das Gefühl, auf etwas verzichtet zu haben, das möglicherweise meine Vorstellung von Herrn P., den ich ja nur aus Büchern und von dem erlebten oder geträumten Telefongespräch kannte, zerstört haben könnte, machte mich froh.

Nichts hatte die Einsamkeit des Lesers, der in ein fernes Land gefahren war, um jenen kennenzulernen, dem er auf den Buchseiten unter dem Licht der Lampe ja schon begegnet war, gestört.

Und ich ging meiner Arbeit nach, bereichert um eine Erfahrung, die, angesiedelt zwischen Traum und Wirklichkeit, mehr war als jener persönliche Gruß, den der Brief möglicherweise enthielt.

ISBN 3-354-00056-2

4. Auflage 1991
Printed in the Germany
Gesamtherstellung: Helmut Brade
Lichtsatz und Reproduktion:
INTERDRUCK Graphischer Großbetrieb Leipzig –
III/18/97
Druck und Bindearbeiten:
Mitteldeutsches Druck- und Verlagshaus GmbH